오름시인선 · 20

청동빛 창가에 앉아 그리움에 색칠하다

오름시인선 · 20

청동빛 창가에 앉아 그리움에 색칠하다

펴낸날 _ 2013년 3월 9일
지은이 _ 김용재
펴낸곳 _ 기획출판 오름
등록번호 _ 동구 제 364-1999-000006호
등록일자 _ 1999년 2월 25일
주소 _ 대전광역시 동구 삼성1동 122-2
전화 _ 042.637.1486
팩스 _ 042.637.1288
E-mail _ orumplus@hanmail.net

ISBN _ 978-89-90151-93-3

값 12,000원

청동빛 창가에 앉아 그리움에 색칠하다

| 김용재 시선집 |

Orum Edition

프롤로그

송종林

곱이 자란 잎새 뒤척이며
천심년 기억의 뿌리 헤치며
청동빛 창가에 앉아
그리움에 색칠하다

김용재 金容材

- 1944. 3. 5. 대전 출생. 아호 창운(蒼云)
- 기성(원정)초 – 충남중 – 대전고 – 충남대 영문과 & 동 대학원 수학(문학박사)

〈역임〉

- 탄천중 – 공주고 – 충남고 교사(9년 6월)
- 충남대 – 목원대 강사 – 중경전문대교수(3년)
- 대전대 영어영문학과 교수(26년)

  학과장 – 인문과학연구소장 – 신문방송주간 – 교무처장겸
  사회교육원장 – 교수협의회장 – 문과대학장 – 대학원장

- 전국대학신문주간교수협의회 부회장
- 전국대학교 교무처장협의회 부회장
- 미국 USC 객원교수
- 대전충남북사립대교수협의회연합회장
- 대전충남 대학원장협의회 회장

- 호서문학회장
- 한국문인협회 대전지회장
- 한국시문학문인회장
- 제17차 세계시인대회 한국대표(2002 · 태국 · 방콕)
- 제18차 세계시인대회 한국대표(2004 · 미국 · 플레인뷰)

〈현재〉

- 3·8민주의거 기념사업회 공동의장(『3·8민주의거』발행인)
- 대전충남 4월혁명동지회 회장

- 국제계관시인연합(UPLI) 한국회장(Poetry Korea발행인)
- 인도-세계시인사화집(Parnassus of World Poets)한국 편집인
- 시사 월간지 PeopleToday 회장
- 대전문인총연합회 회장(대전문학시대 발행인)
- 문학시대 문학대상 운영위원장
- 호서문학상 운영위원장
- 청동빛문학상 운영위원장

〈봉사활동·1〉

- 1987 | 용운중학교 교가 작사
- 1989 | 유성온천유래비 건립문 근찬
- 1992 | 김관식시비 건립위원장(공동)
- 1994 | 정훈시비 건립위원장(공동)
- 1995 | 이덕영시비 건립기 근찬
- 1994 | 지산 임달규선생상 송시 근송
- 1998 | 박팽년시비 송시 근송
- 1998 | 신정식시비 건립위원장
- 1999 | 정의홍시비 건립위원장(공동)

- 2000 | 박희선시비 건립위원장
- 2004 | 김대현시비 건립위원장(공동)
- 2006 | 3 · 8민주의거기념탑 기념시 근송
- 2011 | 3 · 8찬가 작사
- 2012 | 호연 이판기 선생 숭모비 송시 근송

〈봉사활동 · 2〉

- 1993 | 대전EXPO '93 기념사화집 간행위원장
  『한빛탑과 별무리의 노래』 (국 · 영문판)
- 1993 | 대전EXPO '93 기념에세이집 간행위원장
  『목척교의 휘파람』 (국문판)
- 1999 | 『대전광역시문화상수상자 10년 편람』편집위원장
- 2009 | 대전시승격60주년기념 『대전사랑시선집』 간행위원장
- 2009 | 대전시승격60주년기념 『대전사랑에세이선집』 간행위원장
- 2010 | 『50년−3 · 8민주의거』 편집위원장
- 2011 | 3·8민주의거기념시선집 『함성은 침묵으로 쌓여 흐른다』 편집 간행
- 2012 | 호서문학 60주년 기념행사 추진위원장
  『호서문학60년사』발행주관

〈수상〉

- 1963 | 충남대문학상(시부문 가작1석)
- 1965 | 충남대문학상(시부문 당선)
- 1976 | 적십자 지도교사표창(대한적십자사)
- 1989 | 100만 시민 한 책 보내기 운동 공로표창(대전직할시)

- 1992 | 대전대 10년 근속 표창
- 1993 | 스승의 날 모범교원 표창(교육부)
  문화의 달 공로 표창(한국예총)
  대전 EXPO '93 문화공로표창(EXPO조직위원회)
- 1994 | 대전시문화상(문학부문)
- 1999 | 한성기 문학상
  호서문학상
- 2001 | 대전대 20년 근속 특별공로상
- 2003 | 한국현대시인상
- 2004 | 국제계관시인상(UPLI. 미국 플레인뷰)

김용재 저서

〈창작시집〉

- 『겨울 散策』 (1976, 현대문학사)
- 『아침바람 行次』 (1980, 시문학사)
- 『휴일의 새』 (1985, 호서문화사)
- 『저무는 날의 명령법』 (1988, 호서문화사)
- 『兵士와 달맞이 꽃』 (1992, 문경출판사)
- 『바퀴에 깔려도 햇살은 죽지 않는다』 (1993, 시문학사)
- 『청동빛』 (1998, 푸른 물결)

- 『머물러 있던 시간의 飛翔』 (2002, 오름)
- 『저기, 어둠의 실루엣 허물어진다』 (2008, 오름)
- 『큰 꿈은 일어나 날개를 달고』 (2010, 오름)

〈기념시집〉

- 『憂愁』 (CD-ROM 시선집 · 1999, 현대시)
- 『김용재 電子詩全集』 (2004, 한국문학도서관)
- 『蒼云 金容材의 詩世界』-회갑기념문집 간행위원장 · 이행수 (2004, 오름)
- 『청동빛 창가에 앉아 그리움에 색칠하다』 (고희기념 시선집-2013, 오름)

〈영역시집〉

- *Hanbit Tower & a Song of Asterism* (93, 문경/공역)
- *Poets of EXPO City* (96, 문경)
- *The Lost Summer* (96, 호서)

〈영문시집〉

- *Even Being Pressed by Wheels Sunbeams Never Die* (96, Eastwind Press in USA)

〈논저〉

- 『Robert Browning의 애정시 연구』 (77, 충남대교육대학원)
- 『Comprehensive Vocabulary』 (81, 남영문화사. 편저)
- 『Robert Browning 시의 불완전 질서』 (96, 충남대 대학원)
- 『Robert Browning의 詩 研究』 (99, 도서출판 井)

· 『象村 申欽』(2004, 문화관광부)

〈공저 & 저작대표 & 편저〉

· 『동행의 축배』 -호서시인선 제5호 (83, 호서문학회)
· 『동행인의 어떤 날』 -호서11인 산문집 (85, 나남)
  강나루 · 김영배 · 김용재 · 신 협 · 안초근 · 윤기한 · 윤모촌 · 임헌도
  장이두 · 최 학 · 황명륜
· 『대학인의 생활교양』 (91, 대전대 사회교육원)
· 『한밭에 오르는 횃불』 -대전문협시화전시집 (92, 문경)
· 『풀꽃의 힘』 -대전문협시화전시집 (93, 문경)
· 『한빛탑과 별무리의 노래』 -대전 EXPO 기념사화집 (93, 문경)
· 『목척교의 휘파람』 -대전 EXPO 기념 에세이집 (93, 문경)
· 『아시아 詩人들 Ⅱ -Asian Poets Ⅱ』 -EXPO 도시 시인들 93명 국 · 영 문시수록(93, 아시아시인회의조직위원회)
· 『The Poem & The world』 -시애틀(미국), 낭뜨(블란서), 중경(중국), 대전(한국) 4개 도시 선발 시인들의 영어와 모국어 시선집 (94, Seatle, USA)
· 『이올리안하프가 있는 창가에서』 -권천학 · 김용재 · 박영규 · 장덕천 최송석, 5인시집 (98, 푸른물결)
· 『박팽년의 생애와 사상』 (98, 대전동구문화원)
· 『신흠의 생애와 문학』 (99, 대전동구문화원)
· 『정의홍 시인의 삶과 문학』 (99, 정희홍시비건립위원회)
· 『대전광역시 문화상 수상자 10년 편람』 (99, 한밭문화회)
· 『대전의 시 대전의 노래』 -김용재 · 송백헌 · 최송석 3인연구 (2000, 대전예총)
· 『박희선 시인의 인생과 문학』 (2000, 박희선시비건립위원회)

- 『동그라미 연가』 –박희선추모 5인 시집(김대현 · 김용재 · 박영규 이병훈 · 홍순갑) (2001, 오름)
- 『손가락으로 그린 물결무늬』 –호서사화집 (2001, 호서문학회)
- 『꽃과 시, 안면도에 출렁이는 영혼의 파도』 –안면도 꽃박람회 기념 사화집 (2002, 호서문학회)
- 『사월의 술잔』 –대전충남시문학회사화집 (2003, 오름)
- 『김대현 시인의 인생과 문학』 (2004, 김대현시비건립위원회)
- 『紙碑 그리고 江』 –박희선 · 김대현 대표시선집 (2004, 김대현시비건립위원회)
- 『바다를 생각하면 바다가 보인다』 –한국시문학문인회사화집 (2004, 시문학사)
- 『三 · 八 民主義擧』 (2005, 3 · 8민주의거기념사업회)
- 『대전사랑시선집』 –문학시대기획총서① (2009, 대전문인총연합회)
- 『대전사랑에세이선집』 –문학시대기획총서② (2009, 대전문인총연합회)
- 『대전광역시문화상수상자–21년 편람』 (2010, 한밭문화회)
- 『50년–3 · 8민주의거』 (2010, 3 · 8민주의거기념사업회)
- 『함성은 침묵으로 쌓여 흐른다』 –3 · 8민주의거기념시선집 (2011, 3 · 8민주의거기념사업회)
- 『3 · 8민주의거–2011년』 (2011, 3 · 8민주의거기념사업회)
- 『詩를 만나 詩民이 되다』 –대전문총시화전시집 (2012, 대전문인총연합회)
- 『호서문학 60년사』 –호서문학창간60주년기념행사추진위원회 (2012, 호서문학회)
- 『3 · 8민주의거–2012년』 (2012. 3 · 8민주의거기념사업회)

〈기획도서〉

- 이교탁 유고시집 『햇빛 먼 둘레』 (81, 호서문학회)

- 정　훈　시선집 『머들령』 -한밭시인선간행위원회 (93, 문경)
- 한성기　시선집 『새와 둑길』 -한밭시인선간행위원회 (93, 문경)
- 박용래　시선집 『저녁눈』 -한밭시인선간행위원회 (93, 문경)
- 박희선　시　집 『볼록렌즈 海岸線』 -한밭시인선간행위원회 (93, 문경)
- 이덕영　시　집 『푸른 것이 더 푸른날』 -한밭시인선간행위원회 (93, 문경)
- 송유하　시　집 『꽃의 民主主義』 -한밭시인선간행위원회 (93, 문경)
- 이재복　시선집 『靜思錄抄』 -한밭시인선간행위원회 (94, 문경)
- 신정식 유고시집 『變身』 (98, 호서문학회)

〈저널〉

《호서문학》《대전문학》《Poetry Korea》《문학시대》를 비롯하여 《大稜文學》《龍雲詩》, 그리고 묵크지 형태의 청동빛문학교실사화집, 대전대 논문집, 대전대인문과학연구소 논문집 등 직접 또는 지도하여 만들어낸 책이 80여권에 이른다.

차례

1. 우리의 꿈은 붉고 둥글다

2. 그래도 세상을 멋지게 보며

차례

3. 적막은 깨워서 소리치게 하라

1

우리의 꿈은 붉고 둥글다

시화전 시 – 31편

그림 & 글씨 – 박석신

사진 – 노명준

여울목
김용재
거절의 고뇌이다
살갗을 문질르고 가는
웃음이다
골짝에서 새어 나오고
늪에서 뛰어나온
꿈의 부피로
진동하는 노래다
낚시라도 던지면
저 공간 그대로 트여나올듯한
휘파람 소리
우렬은 하늘, 때마침의 하루라도
어울려 드는지
양호한 시력으로서 찾던
물속 내 모습은
사라지고 말았다
장유 박석선
그림 글씨

여울목

거절의 고뇌이다
살갗을 문지르고 가는
웃음이다
골짝에서 새어 나오고
늪에서 뛰어나온
꿈의 부피로
진동하는 노래다
낚시라도 던지면
저 공간 그대로 트여나올듯한
휘파람 소리
우럴은 하늘, 때마침의 하루라도
어울려 드는지
양호한 시력으로 서서 찾던
물속 내 모습은
사라지고 말았다.

『겨울散策』(1976.현대문학사)

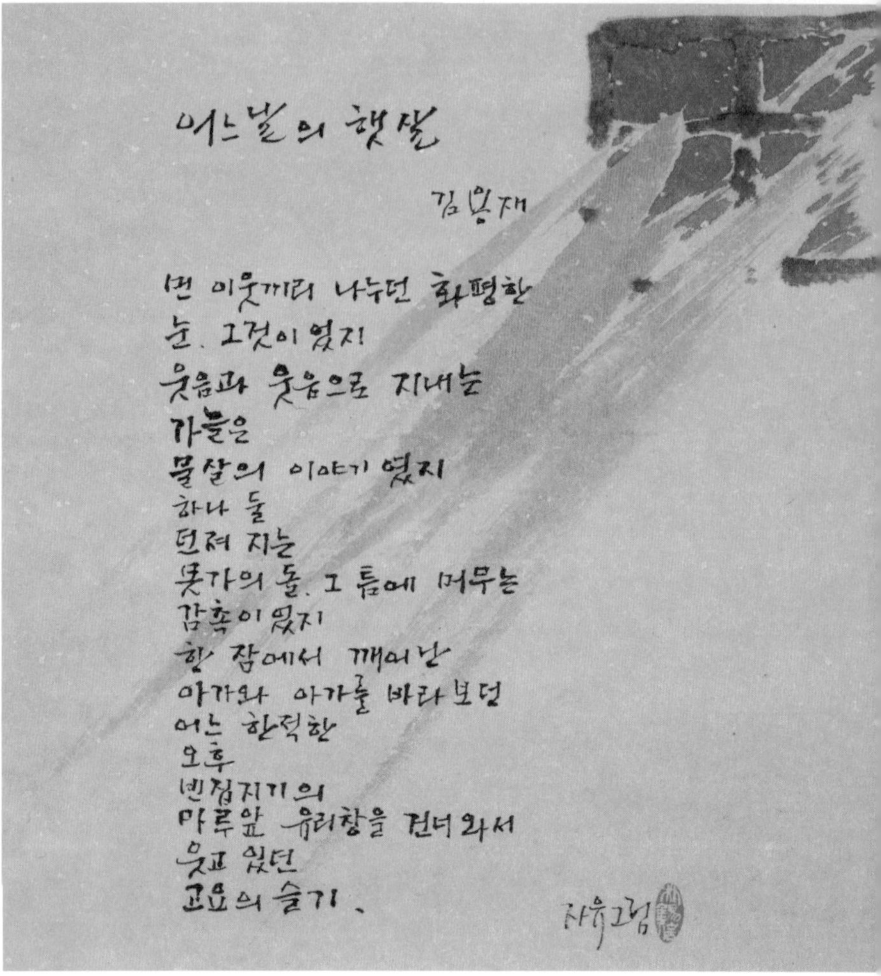
어느날의 햇살
김용재
먼 이웃끼리 나누던 화평한
눈. 그것이 였지
웃음과 웃음으로 지내는
가슴은
물살의 이야기 였지
하나 둘
던져 지는
못가의 돌. 그 틈에 머무는
감촉이 였지
한 잠에서 깨어난
아가와 아가를 바라보던
어느 한적한
오후
빈집지기의
마루앞 유리창을 건너와서
웃고 있던
고요의 슬기.
자유그림

어느날의 햇살

먼 이웃끼리 나누던 화평한
눈, 그것이었지
웃음과 웃음으로 지내는
가늘은
물살의 이야기였지
하나 둘
던져지는
못가의 돌, 그 틈에 머무는
감촉이었지
한 잠에서 깨어난
아가와 아가를 바라보던
어느 한적한
오후
빈 집지기의
마루앞 유리창을 건너와서
웃고 있던
고요의 슬기.

『겨울散策』(1976.현대문학사)

바위 끝에 남은 햇빛
김용재
숲에 쌓여 숲을 밝히든
진달래, 그 꽃빛깔
어두워지고 잊어졌지
물줄기나 새소리 남은
산길에서
도시의 음성을 재우고
먼 바위 끝
의연히 남은 햇빛
눈에 담고 잊었지
구름을 헤치며 산을 넘는
어둠을 넘어 강을 건너는
그렇게 질긴 문명
일상으로 짚어 본,
이제 와서는 생색이 진한
얼굴.

바위 끝에 남은 햇빛

숲에 쌓여 숲을 밝히든
진달래, 그 꽃빛깔
어두워지고 있었지
물소리나 새소리 남은
산 길에서
도시의 음성을 재우고
먼 바위 끝
여전히 남은 햇빛
눈에 담고 있었지
구름을 헤치며 산을 넘는
어둠을 넘어 강을 건너는
그렇게 질긴 문명
일상으로 짚어 본,
이제 와서는 살색이 진한
얼굴.

『아침바람 行次』(1980.시문학사)

초여름
김용재
청산에도 세월이 흘렀고
강가의 낚싯대는
갈증난 새 소리가 났다
산천을 휘감기고 있었다
눈빛은 순식간에
강을 건너고
건너 오고 있었다
四肢가 모두 정령한 날에
물속빈 하늘을 물고
해오라기 한 마리
한나절을 서름했다
자유 글씨

초여름

청산에도 세월이 흘렀고
강가의 낚싯대는
갈증난 새 소리가 났다
산천을 휘갈기고 있었다

눈빛은 순식간에
강을 건너고
건너 오고 있었다

四肢가 모두 정정한 날에
물 속 빈 하늘을 물고
해오라기 한 마리
한나절을 시름했다.

『아침바람 行次』(1980. 시문학사)

휴일의 새
김용재
신문지 같이 충충한 도시에
어둡던 눈이 트이고 있다
내내 깨어있는 도시 였으랴
제 꿈도 없었으랴
수런댄 세상에
가슴도 귀도 다 열리고
참으로 황한 공간을 지켜본
오늘은 휴일
어째다 치솟은
건너편 옥상의 높이
하늘이 내려와 앉아
구름을 뚫지 못하는 한 마리 새
깃을 치며 숨결만 푸른가
출렁이는 햇빛의 눈
따라 가는 飛翔
白濤 글씨 그림

휴일의 새

신문지같이 총총한 도시에
어둡던 눈이 트이고 있다
내내 깨어있는 도시였으랴
제 꿈도 없었으랴
수런대는 세상에
가슴도 귀도 다 열리고
참으로 환한 공간을 지켜 본
오늘은 휴일
어쩌다 치솟은
건너편 옥상의 높이
하늘이 내려 와 앉아
구름을 뚫지 못하는 한 마리 새
깃을 치며 숨결만 푸른가
출렁이는 햇빛의 눈
따라가는 飛翔.

『휴일의 새』(1985.호서문화사)

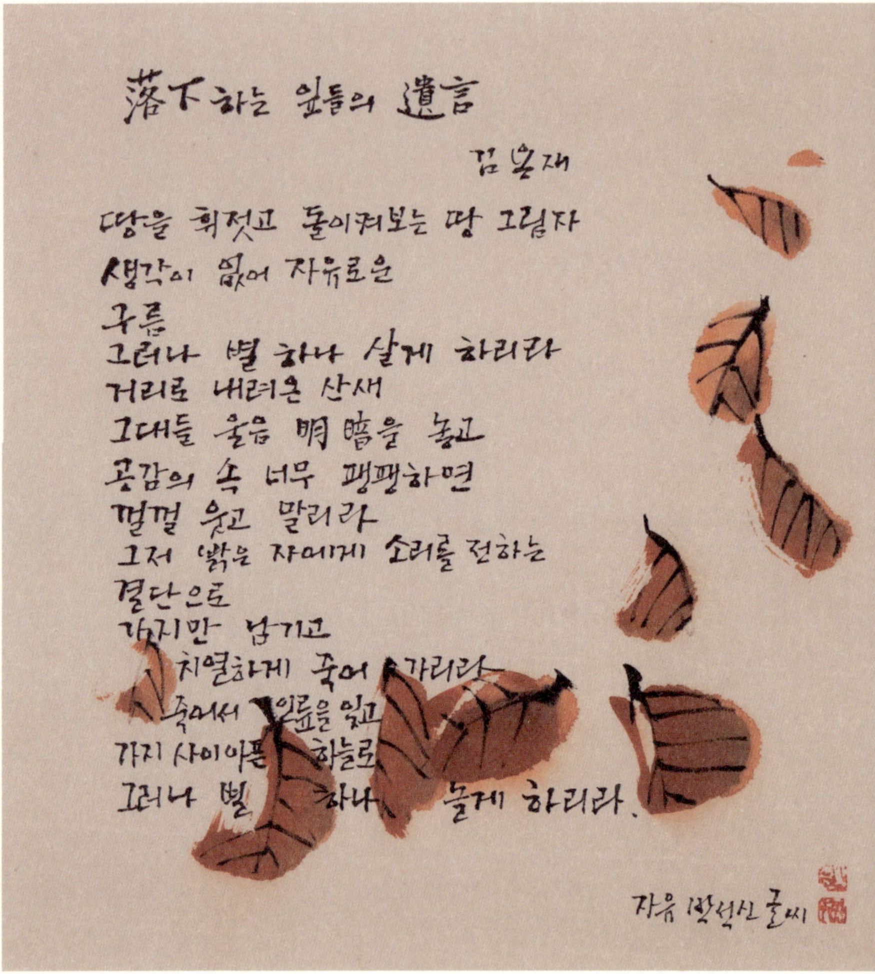
落下하는 잎들의 遺言
김용재
땅을 휘젓고 돌이켜보는 땅 그림자
생각이 없어 자유로운
구름
그러나 별 하나 살게 하리라
거리로 내려온 산새
그대들 울음 明暗을 놓고
공감의 속 너무 팽팽하면
껄껄 웃고 말리라
그저 밝은 자에게 소리를 전하는
결단으로
가지만 남기고
치열하게 죽어 가리라
죽어서 인륜을 잃고
가지 사이아픈 하늘로
그러나 별 하나 놀게 하리라.
자유 박석신 글씨

落下하는 잎들의 遺言

땅을 휘젓고 돌이켜보는 땅 그림자
생각이 없어 자유로운
구름
그러나 별 하나 살게 하리라
거리로 내려 온 산새
그대들 울음 明暗을 놓고
공감의 속 너무 팽팽하면
껄껄 웃고 말리라
그저 밝은 자에게 소리를 전하는
결단으로
가지만 남기고
치열하게 죽어 가리라,
죽어서 인륜을 잊고
가지 사이 아픈 하늘로
그러나 별 하나 놀게 하리라.

『휴일의 새』(1985.호서문화사)

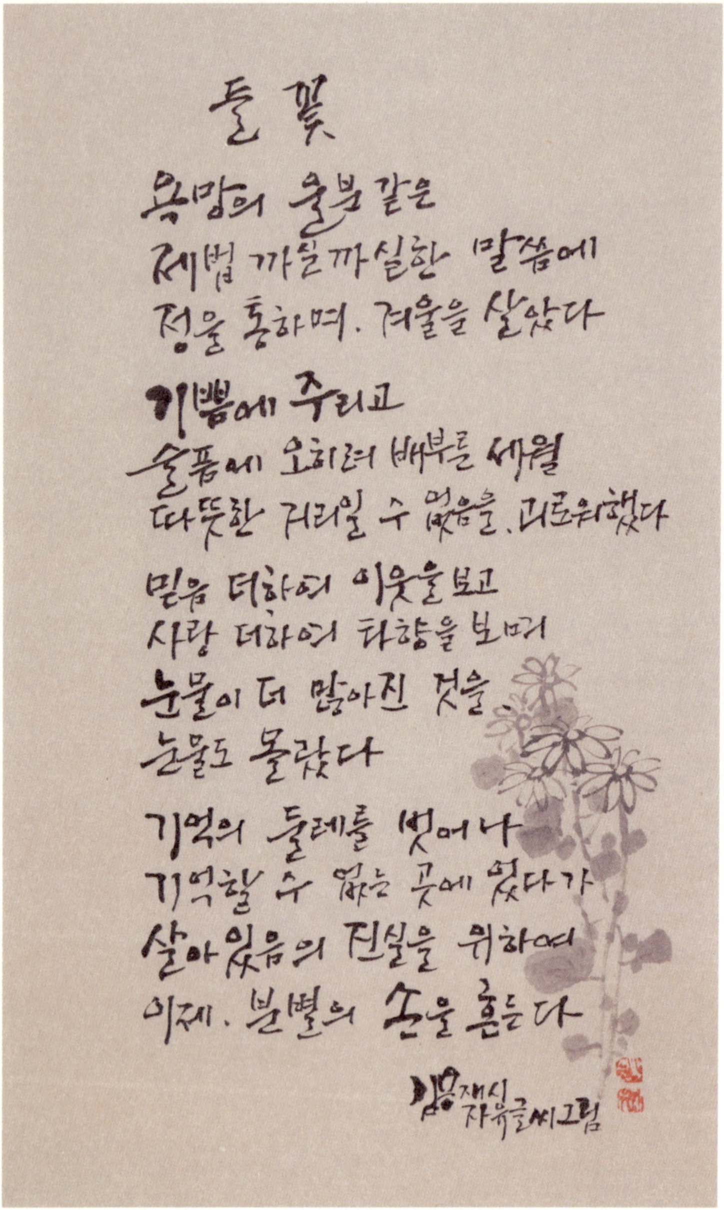
들꽃
욕망의 울분 같은
제법 까실까실한 말씀에
정을 통하며. 겨울을 살았다
기쁨에 주리고
슬픔에 오히려 배부른 세월
따뜻한 거리일 수 없음을. 괴로워했다
믿음 더하여 이웃을 보고
사랑 더하여 타향을 보며
눈물이 더 많아진 것을.
눈물도 몰랐다
기억의 둘레를 벗어나
기억할 수 없는 곳에 왔다가
살아있음의 진실을 위하여
이제. 분별의 손을 흔든다
김용재 시
자유 글씨 그림

들꽃

욕망의 울분같은
제법 까실까실한 말씀에
정을 통하며, 겨울을 살았다

기쁨에 주리고
슬픔에 오히려 배부른 세월
따뜻한 거리일 수 없음을, 괴로워했다

믿음 더하여 이웃을 보고
사랑 더하여 타향을 보며
눈물이 더 많아진 것을,
눈물도 몰랐다

기억의 둘레를 벗어나
기억할 수 없는 곳에 있다가
살아있음의 진실을 위하여
이제, 분별의 손을 흔든다.

『저무는 날의 명령법』(1988.호서문화사)

꽃피고 비록 살맛이 난다 해도
김용재
바람 불고 물흐르고
꽃피고 비록 살 맛이 난다 해도
가슴 모서리까지
분별없이 멍들던 삶
당신을 돌아볼 일이다
시빨건 함성으로 어둠 벗기던 일
당신은 새길 일이다
지리한 장마의 물방울 속에
들어와 박히던 태양의 눈
당신은 뼈에 심을 일이다
슬픔과 기쁨이 함께 울던 언덕에
온전한 힘으로 하늘이 떠 있다

꽃피고 비록 살맛이 난다 해도

바람 불고 물 흐르고
꽃피고 비록 살 맛이 난다 해도
가슴 모서리까지
분별없이 멍들던 살
당신은 돌아볼 일이다
시뻘건 함성으로 어둠 벗기던 일
당신은 새길 일이다
지리한 장마의 물방울 속에
들어와 박히던 태양의 눈
당신은 뼈에 심을 일이다.

슬픔과 기쁨이 함께 울던 언덕에
온전한 힘으로 하늘이 떠 있다.

『저무는 날의 명령법』(1988, 호서문화사)

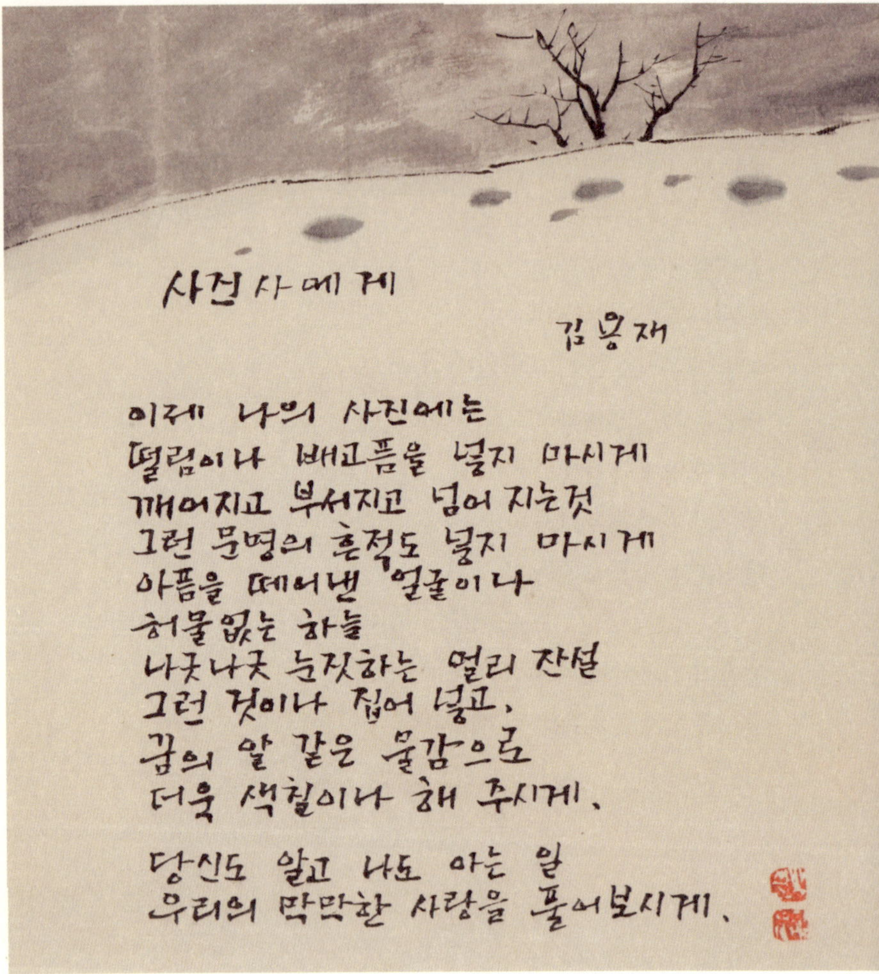
사진사에게
김용재
이제 나의 사진에는
떨림이나 배고픔을 넣지 마시게
깨어지고 부서지고 넘어지는것
그런 문명의 흔적도 넣지 마시게
아픔을 떼어낸 얼굴이나
허물없는 하늘
나긋나긋 눈짓하는 멀리 잔설
그런 것이나 접어 넣고,
꿈의 알 같은 물감으로
더욱 색칠이나 해 주시게.
당신도 알고 나도 아는 일
우리의 막막한 사랑을 풀어보시게.

사진사에게

이제 나의 사진에는
떨림이나 배고픔을 넣지 마시게
깨어지고 부서지고 넘어지는 것
그런 문명의 흔적도 넣지 마시게
아픔을 떼어낸 얼굴이나
허물없는 하늘
나긋나긋 눈짓하는 멀리 잔설
그런 것이나 집어넣고,
꿈의 알 같은 물감으로
더욱 색칠이나 해 주시게.

당신도 알고 나도 아는 일
우리의 막막한 사랑을 풀어보시게.

『저무는 날의 명령법』(1988.호서문화사)

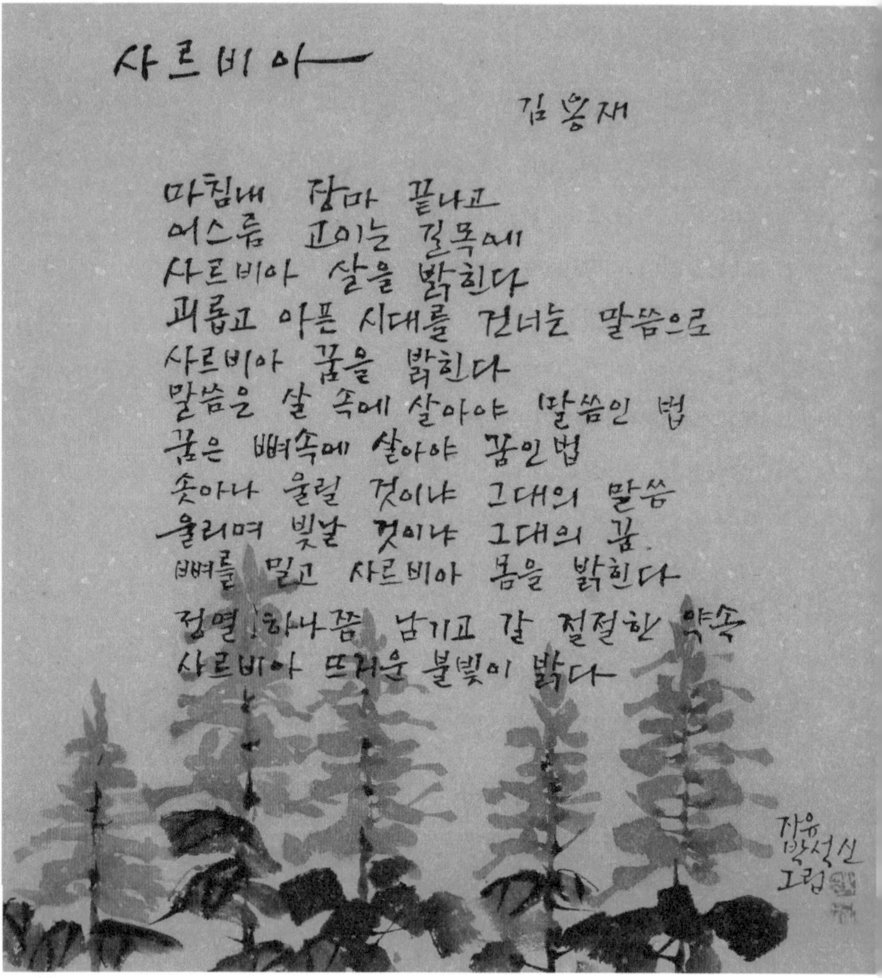
사르비아—
김용재
마침내 장마 끝나고
어스름 고이는 길목에
사르비아 살을 밝힌다
괴롭고 아픈 시대를 건너는 말씀으로
사르비아 꿈을 밝힌다
말씀은 살 속에 살아야 말씀인 법
꿈은 뼈속에 살아야 꿈인법
솟아나 울릴 것이냐 그대의 말씀
울리며 빛날 것이냐 그대의 꿈.
뼈를 믿고 사르비아 몸을 밝힌다
정열 하나쯤 남기고 갈 절절한 약속
사르비아 뜨거운 불빛이 밝다
자유 박석신 그림

사르비아

마침내 장마 끝나고
어스름 고이는 길목에
사르비아 살을 밝힌다
괴롭고 아픈 시대를 건너는 말씀으로
사르비아 꿈을 밝힌다
말씀은 살 속에 살아야 말씀인 법
꿈은 뼈속에 살아야 꿈인 법
솟아나 울릴 것이냐 그대의 말씀
울리며 빛날 것이냐 그대의 꿈,
뼈를 밀고 사르비아 몸을 밝힌다.

정열 하나쯤 남기고 갈 절절한 약속
사르비아 뜨거운 불빛이 밝다.

『저무는 날의 명령법』(1988.호서문화사)

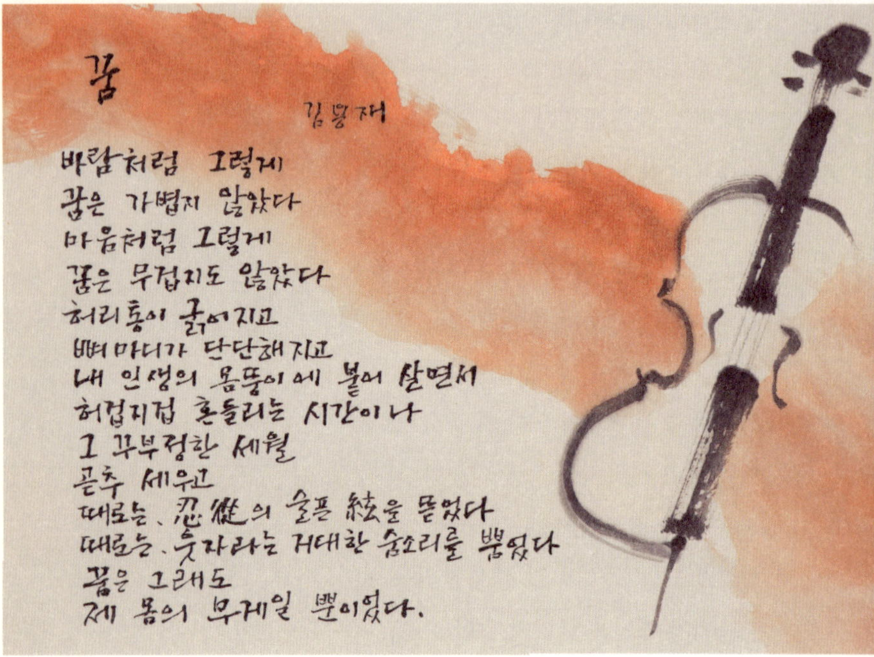
꿈
김용재
바람처럼 그렇게
꿈은 가볍지 않았다
마음처럼 그렇게
꿈은 무겁지도 않았다
허리통이 굵어지고
뼈마디가 단단해지고
내 인생의 몸뚱이에 붙어 살면서
허겁지겁 흔들리는 시간이나
그 꾸부정한 세월
곧추 세우고
때로는, 忍從의 슬픈 絃을 뜯었다
때로는, 웃자라는 거대한 숨소리를 뿜었다
꿈은 그래도
제 몸의 무게일 뿐이었다.

꿈

바람처럼 그렇게
꿈은 가볍지 않았다
마음처럼 그렇게
꿈은 무겁지도 않았다
허리통이 굵어지고
뼈마디가 단단해지고
내 인생의 몸뚱이에 붙어 살면서
허겁지겁 흔들리는 시간이나
그 꾸부정한 세월
곧추 세우고
때로는, 인종(忍從)의 슬픈 현(絃)을 뜯었다
때로는, 웃자라는 거대한 숨소리를 뿜었다
꿈은 그래도
제 몸의 무게일 뿐이었다.

『兵士와 달맞이 꽃』(1992. 문경출판사)

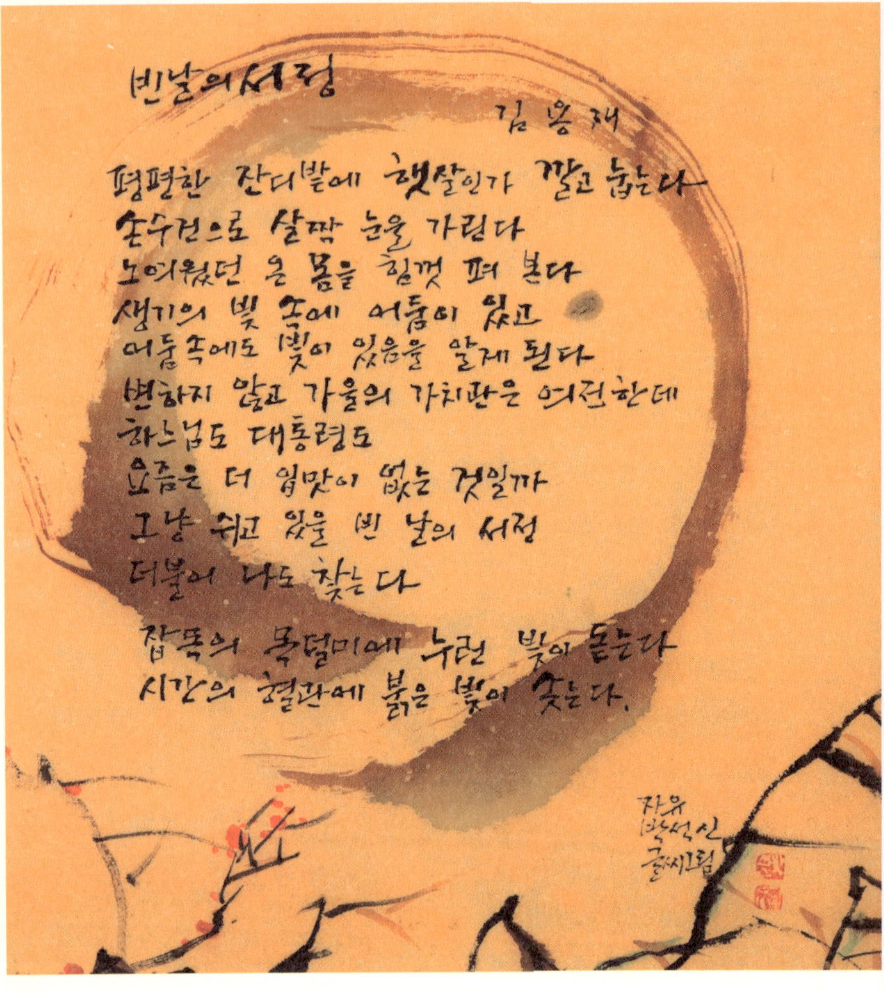
빈날의 서정
김용재
평평한 잔디밭에 햇살인가 깔고 눕는다
손수건으로 살짝 눈을 가린다
노여웠던 온 몸을 힘껏 펴 본다
생기의 빛 속에 어둠이 있고
어둠속에도 빛이 있음을 알게 된다
변하지 않고 가을의 가치관은 여전한데
하느님도 대통령도
요즘은 더 입맛이 없는 것일까
그냥 쉬고 있을 빈 날의 서정
더불어 나도 찾는다
잡목의 목덜미에 누런 빛이 돋는다
시간의 혈관에 붉은 빛이 솟는다.
자유 박석신 글씨그림

빈 날의 서정

평평한 잔디밭에 햇살인가 깔고 눕는다
손수건으로 살짝 눈을 가린다
노여웠던 온 몸을 힘껏 펴 본다
생기의 빛 속에 어둠이 있고
어둠 속에도 빛이 있음을 알게 된다
변하지 않고 가을의 가치관은 여전한데
하느님도 대통령도
요즘은 더 입맛이 없는 것일까
그냥 쉬고 있을 빈 날의 서정
더불어 나도 찾는다

잡목의 목덜미에 누런 빛이 돋는다
시간의 혈관에 붉은 빛이 솟는다.

『兵士와 달맞이 꽃』(1992.문경출판사)

더하기와 지우기
김용채
절반 더하기 절반은
온전한 조국의 모습
지우기 線 하나면
훨훨 날개의 무게

더하기와 지우기

절반 더하기 절반은
온전한 조국의 모습

지우기 선(線) 하나면
훨훨 날개의 무게

『바퀴에 깔려도 햇살은 죽지 않는다』(1993.시문학사)

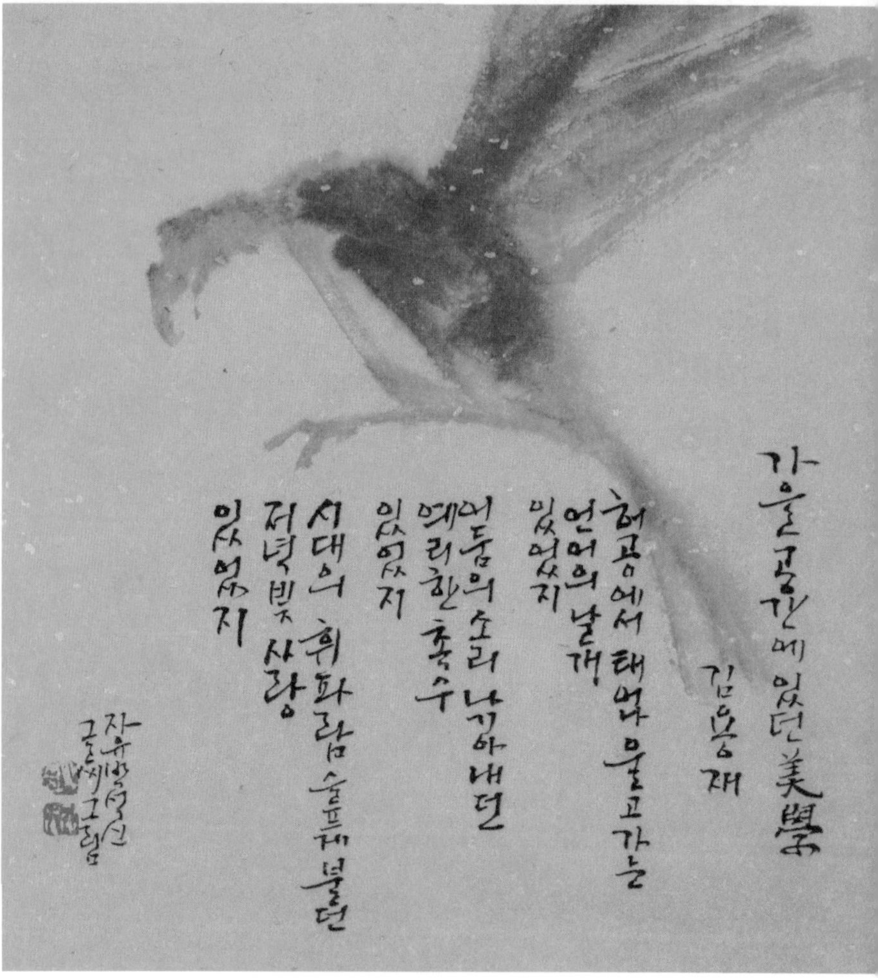
가을 공간에 있던 美學
김용재
허공에서 태어나 울고 가는
언어의 날개
있었지
어둠의 소리 낚아내던
예리한 촉수
있었지
시대의 휘파람 숲속에 불던
저녁빛 사랑
있었지
자유 박석신
글씨 그림

가을 공간에 있던 美學

허공에서 태어나 울고 가는
언어의 날개
있었지

어둠의 소리를 낚아내던
예리한 촉수
있었지

시대의 휘파람 슬프게 불던
저녁빛 사랑
있었지.

『바퀴에 깔려도 햇살은 죽지 않는다』(1993.시문학사)

봄빛의 모음
김용재
먼 밖에서
뻐꾹새 소리 울려 온다
찌르륵 찌르륵
찌르레기 울음이 얽히어 온다
정구장 공치는 소리와
공사판 기계소리가 또,
이 봄날의 音階 밑을 파고든다
가끔은
숲의 적막을 깰 때는 장끼의 비명이
합세를 한다
봄빛의 모음
창가에 열린다

봄빛의 모음

먼 밖에서
뻐꾹새 소리 울려온다
찌르륵 찌르륵
찌르레기 울음이 엎히어 온다
정구장 공치는 소리와
공사판 기계소리가 또,
이 봄날의 音階 밑을 파고든다
가끔은
숲의 적막을 깨는 장끼의 비명이
합세를 한다
봄빛의 모음
창가에 열린다.

『바퀴에 깔려도 햇살은 죽지 않는다』(1993.시문학사)

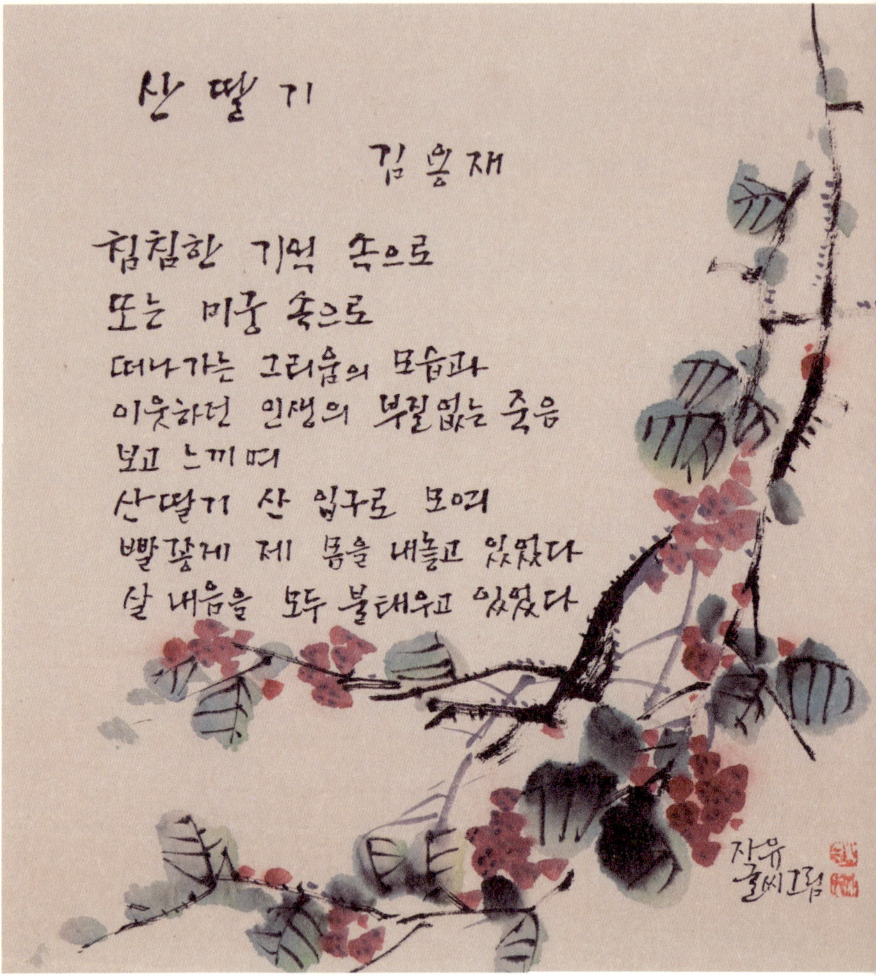
산딸기
김용재
침침한 기억 속으로
또는 미궁 속으로
떠나가는 그리움의 모습과
이웃하던 인생의 부질없는 죽음
보고 느끼며
산딸기 산 입구로 모여
빨갛게 제 몸을 내놓고 있었다
살 내음을 모두 불태우고 있었다

산딸기

침침한 기억 속으로
또는 미궁 속으로
떠나가는 그리움의 모습과
이웃하던 인생의 부질없는 죽음
보고 느끼며
산딸기 산 입구로 모여
빨갛게 제 몸을 내놓고 있었다
살 내음을 모두 불태우고 있었다.

『청동빛』(1998, 도서출판 푸른물결)

가을의 잠언
김용재
단풍든 고운 잎을
물위에 띄워놓고
가을은 우릴 보고
쉬고 가라 손짓을 한다
이승의 군소리는 일시간 끊어놓을 것
숲속을 감지하는 싱싱한 촉수 세울 것
그러면, 우리들 사랑은
길고 긴 현재
시간의 끝은 언제나
보이지 않는다

가을의 잠언

단풍든 고운 잎을
물위에 띄워놓고
가을은 우릴 보고
쉬고 가라 손짓을 한다

이승의 군소리는 일시간 끊어놓을 것
숲속을 감지하는 싱싱한 촉수 세울 것

그러면, 우리들 사랑은
길고 긴 현재
시간의 끝은 언제나
보이지 않는다.

『청동빛』(1998. 도서출판 푸른물결)

定立을 위하여
김용재
절망을 다스리는 가슴에
빗물처럼 눈물이 고여
서러운 늪을 이루고
그곳엔 또 짜디짠 소외의 세월이
빠져 있었다
그리움 마주하던
간절한 목숨의 일상이
온 몸으로
퍼덕거리고 있었다
정립을 위하여
下弦달은
제 살을 뜯어 내고 말았다
자유 박석신
글씨 그림

定立을 위하여

절망을 다스리는 가슴에
빗물처럼 눈물이 고여
서러운 늪을 이루고
그곳엔 또 짜디짠 소외의 세월이
빠져 있었다
그리움 마주하던
간절한 목숨의 일상이
온 몸으로
퍼덕거리고 있었다
정립을 위하여
하현(下弦) 달은
제 살을 뜯어내고 말았다.

『청동빛』(1998, 도서출판 푸른물결)

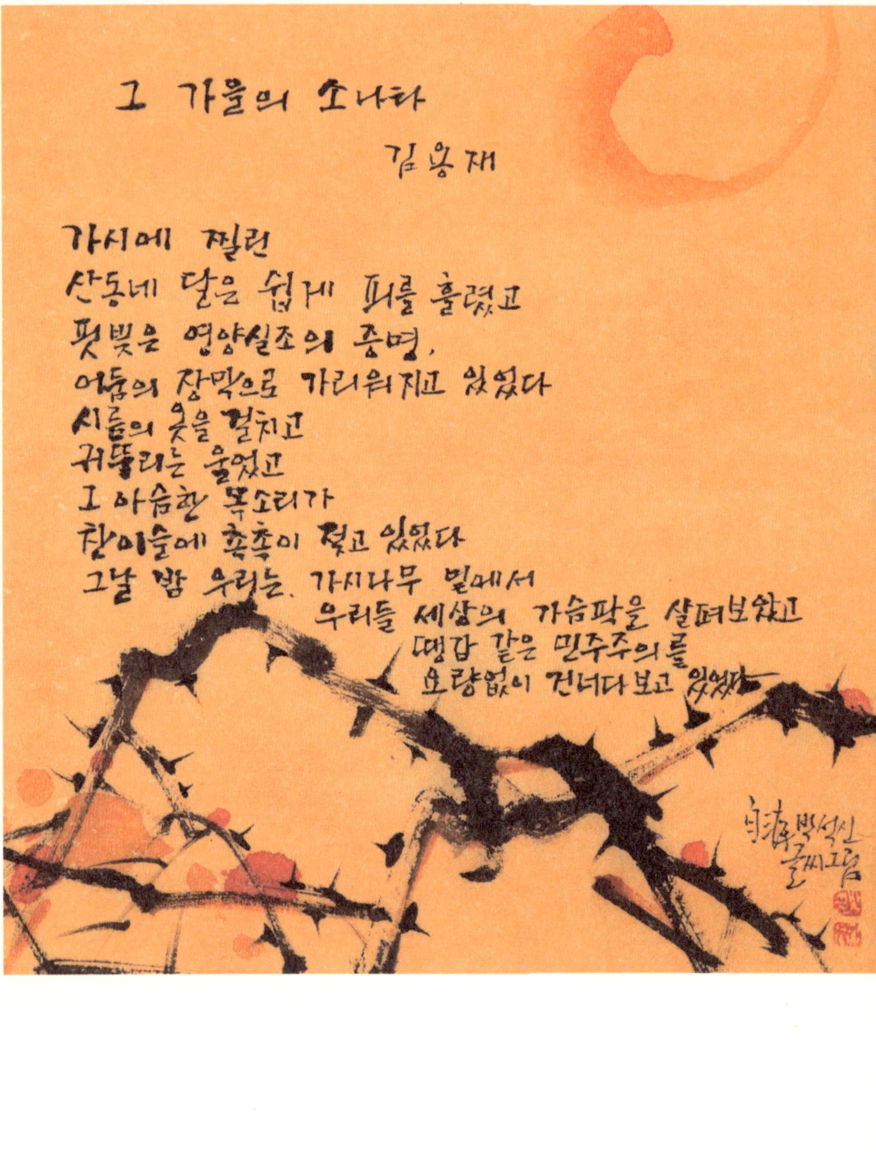
그 가을의 소나타
김용재
가시에 찔린
산동네 달은 쉽게 피를 흘렸고
핏빛은 영양실조의 증명,
어둠의 장막으로 가리워지고 있었다
시름의 옷을 걸치고
귀뚤리는 울었고
그 아슴한 목소리가
찬이슬에 촉촉이 젖고 있었다
그날 밤 우리는. 가시나무 밑에서
우리들 세상의 가슴팍을 살펴보았고
땡감 같은 민주주의를
요량없이 건너다 보고 있었다
박석신 글씨그림

그 가을의 소나타

가시에 찔린
산동네 달은 쉽게 피를 흘렸고
핏빛은 영양실조의 증명,
어둠의 장막으로 가리워지고 있었다
시름의 옷을 걸치고
귀뚜리는 울었고,
그 아슴한 목소리가
찬 이슬에 촉촉이 젖고 있었다
그날 밤 우리는, 가시나무 밑에서
우리들 세상의 가슴팍을 살펴보았고
땡감같은 민주주의를
요량없이 건너다보고 있었다.

『머물러 있던 시간의 飛翔』(2002.기획출판 오름)

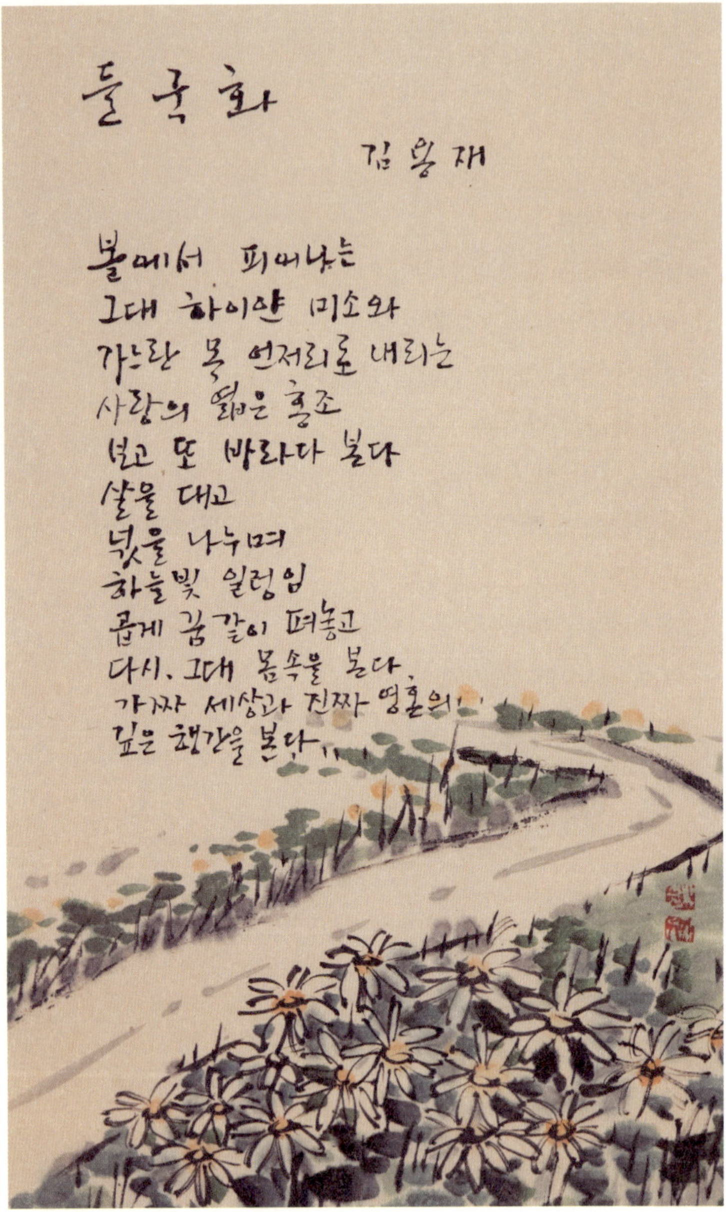
들국화
김용재
볕에서 피어나는
그대 하이얀 미소와
가느란 목 언저리로 내리는
사랑의 붉은 홍조
보고 또 바라다 본다
살을 대고
넋을 나누며
하늘빛 일렁임
곱게 꿈같이 펴놓고
다시, 그대 몸속을 본다.
가짜 세상과 진짜 영혼의
깊은 행간을 본다...

들국화

볼에서 피어나는
그대 하이얀 미소와
가느란 목 언저리로 내리는
사랑의 엷은 홍조
보고 또 바라다 본다
살을 대고
넋을 나누며
하늘빛 일렁임
곱게 꿈같이 펴놓고
다시, 그대 몸속을 본다
가짜 세상과 진짜 영혼의
깊은 행간을 본다.

『머물러 있던 시간의 飛翔』(2002.기획출판 오름)

기러기 울음 떨어진 바닷가에서
김용재
어둠속에 분출하는 불꽃으로
고대 사랑의 언어 피어나고
시간의 노른자위로
뜨거운 인연이 번지며 간다
향긋하고 정갈한 생존
무섭게 드리울 수 있을까,
그리도 깊은 海心을 캐며
오늘은 시의 젖가슴에
스스로의 여울을 묻어본다
무한과 함께 있음을 꿈으로 구어본다
기러기 울음 떨어지는 바닷가에서
파도의 하얀 살
다시 알몸의 원시를 보며
나는 비로소 바람의 입맙을 감싼다

기러기 울음 떨어지는 바닷가에서

어둠 속에 분출하는 불꽃으로
그대 사랑의 언어 피어나고
시간의 노른자위로
뜨거운 인정이 번지어 간다
향긋하고 정갈한 생존
무섭게 드리울 수 있을까,
그리도 깊은 해심(海心)을 캐며
오늘은 시의 젖가슴에
스스로의 영혼을 묻어본다
무한과 함께 있을 꿈도 꾸어 본다
기러기 울음 떨어지는 바닷가에서
파도의 하얀 살
다시 알몸의 원시를 보며
나는 비로소 바람의 입김을 감싼다.

『머물러 있던 시간의 飛翔』(2002.기획출판 오름)

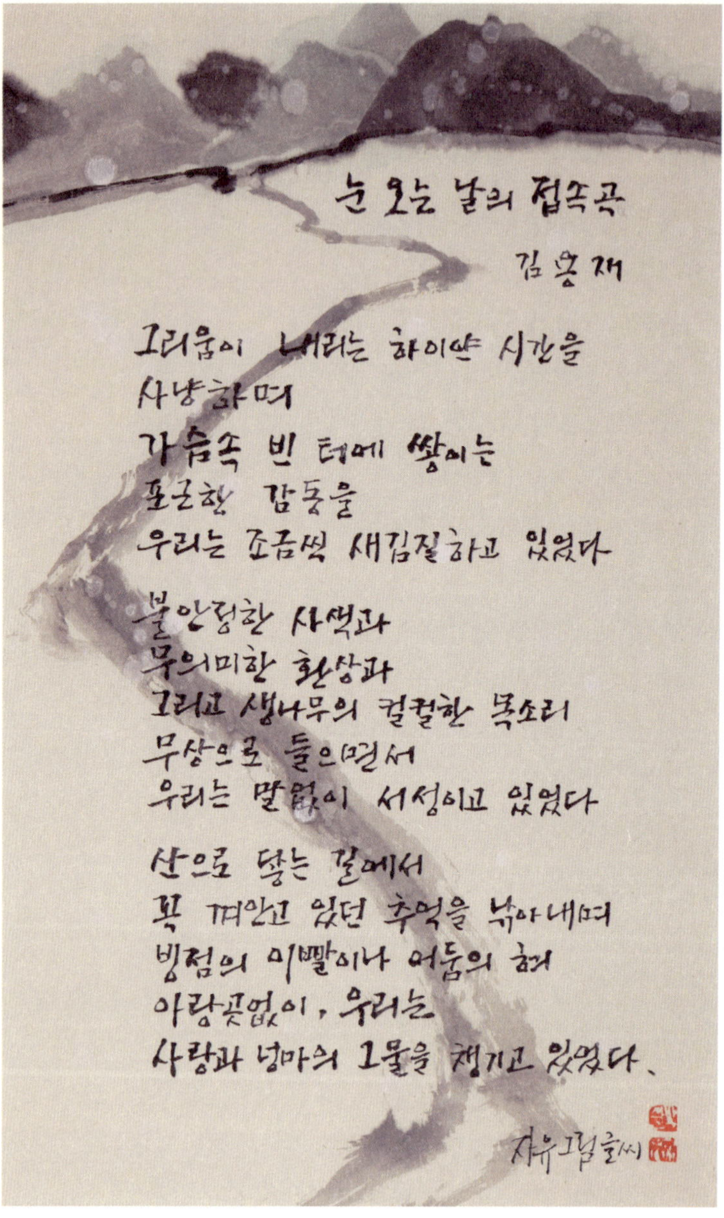
눈 오는 날의 접속곡
김용재
그리움이 내리는 하이얀 시간을
사냥하며
가슴속 빈 터에 쌓이는
포근한 감동을
우리는 조금씩 새김질하고 있었다
불안정한 사색과
무의미한 환상과
그리고 생나무의 컬컬한 목소리
무상으로 들으면서
우리는 말없이 서성이고 있었다
산으로 닿는 길에서
꼭 껴안고 있던 추억을 낚아내며
빙점의 미빨이나 어둠의 혀
아랑곶없이, 우리는
사랑과 낭마의 그물을 챙기고 있었다.
자유그림글씨

눈 오는 날의 접속곡

그리움이 내리는 하이얀 시간을
사냥하며
가슴속 빈 터에 쌓이는
포근한 감동을
우리는 조금씩 새김질하고 있었다

불안정한 사색과
무의미한 환상과
그리고 생나무의 컬컬한 목소리
무상으로 들으면서
우리는 말없이 서성이고 있었다

산으로 닿는 길에서
꼭 껴안고 있던 추억을 낚아내며
빙점의 이빨이나 어둠의 혀
아랑곳없이, 우리는
사랑과 넝마의 그물을 챙기고 있었다.

『머물러 있던 시간의 飛翔』(2002.기획출판 오름)

고목
김용재
유방도 엉덩이도
허무처럼 말라 버리고
도시를 벗어나는 길목에서
슬픔의 키로 서 있었어
아프리카 소말리아 땅
폐허의 곁에서 본
한 할매의 몰골이 붙어있었어
눈빛 고운 얼굴이나
매끄럽고 싱싱하던 머리칼
모두 찾을 수 없는
에그 에그, 막막함의 부호였어
빤질빤질한 자동차만
부질없이 달리고 있었어

고목

유방도 엉덩이도
허무처럼 말라 버리고
도시를 벗어나는 길목에서
슬픔의 키로 서 있었어
아프리카 소말리아 땅
폐허의 곁에서 본
한 할매의 몰골이 붙어 있었어
눈 빛 고운 얼굴이나
매끄럽고 싱싱하던 머리칼
모두 찾을 수 없는
에그 에그, 막막함의 부호였어
빤질빤질한 자동차만
부질없이 달리고 있었어.

『저기, 어둠의 실루엣 허물어진다』(2008.기획출판 오름)

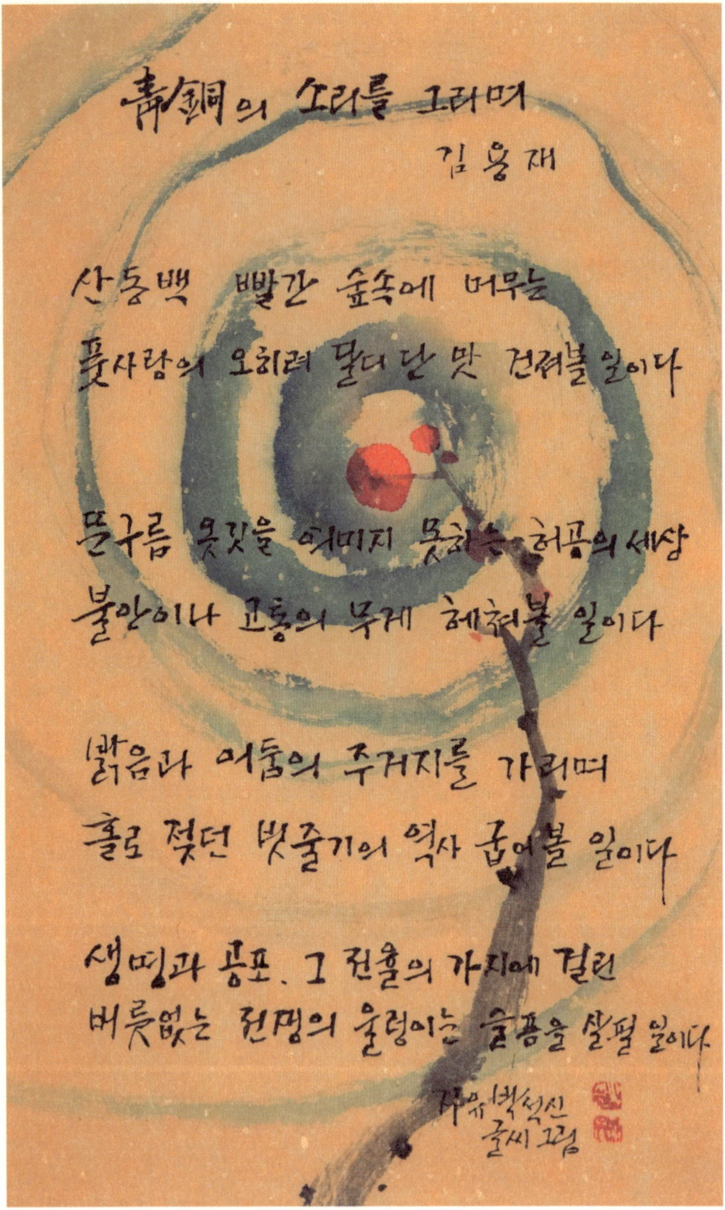
靑銅의 소리를 그리며
김용재
산동백 빨간 숲속에 머무는
풋사랑의 오히려 달디단 맛 건져볼 일이다
뜬구름 옷깃을 여미지 못하는 허공의 세상
불안이나 고통의 무게 헤쳐볼 일이다
밝음과 어둠의 주거지를 가리며
홀로 젖던 빛줄기의 역사 굽어볼 일이다
생명과 공포. 그 전율의 가지에 걸린
버릇없는 천명의 울렁이는 슬픔을 살필 일이다
박석신
글씨 그림

靑銅의 소리를 그리며

산동백 빨간 숲속에 머무는
풋사랑의 오히려 달디 단 맛 건져볼 일이다

뜬구름 옷깃을 여미지 못하는 허공의 세상
불안이나 고통의 무게 헤쳐볼 일이다

밝음과 어둠의 주거지를 가리며
홀로 젖던 빗줄기의 역사 굽어볼 일이다

생명과 공포, 그 전율의 가지에 걸린
버릇없는 전쟁의 울렁이는 슬픔을 살필 일이다.

『저기, 어둠의 실루엣 허물어진다』(2008.기획출판 오름)

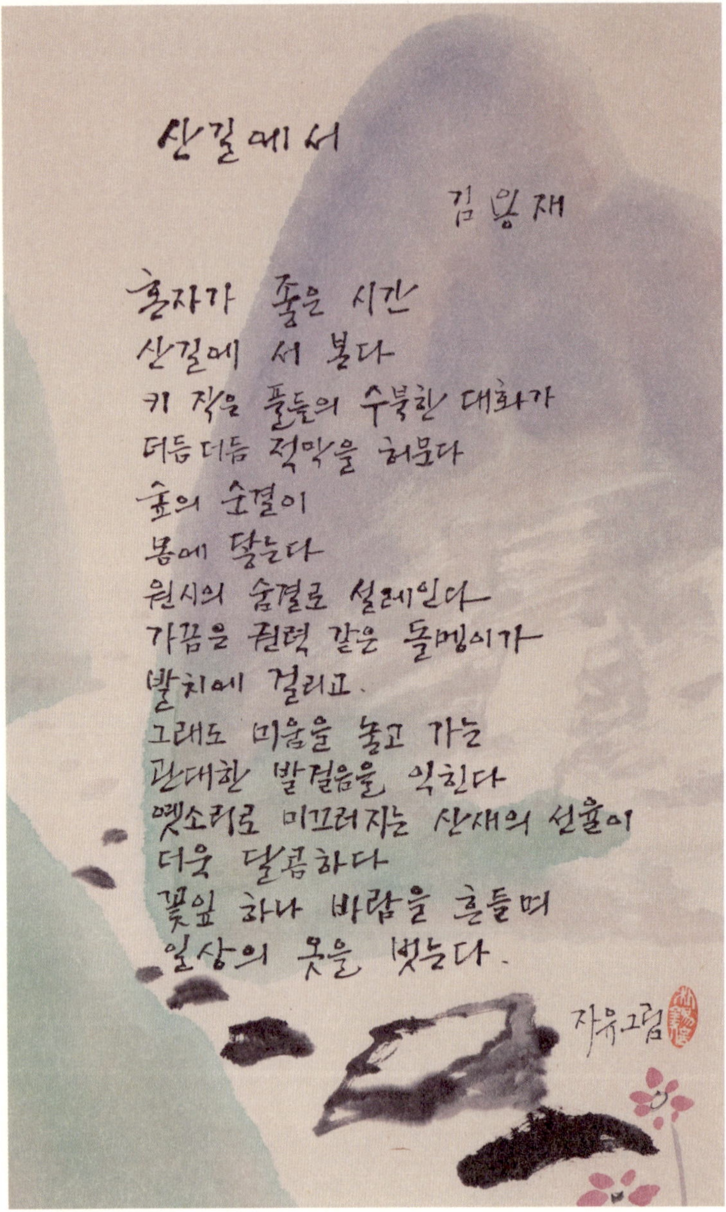
산길에서
김용재
혼자가 좋은 시간
산길에 서 본다
키 작은 풀들의 수북한 대화가
더듬더듬 적막을 허문다
숲의 숨결이
몸에 닿는다
원시의 숨결로 설레인다
가끔은 권력 같은 돌멩이가
발치에 걸리고.
그래도 마음을 놓고 가는
관대한 발걸음을 익힌다
옛소리로 미끄러지는 산새의 선율이
더욱 달콤하다
꽃잎 하나 바람을 흔들며
일상의 옷을 벗는다.
자유그림

산길에서

혼자가 좋은 시간
산길에 서 본다
키 작은 풀들의 수북한 대화가
더듬더듬 적막을 허문다
숲의 순결이
몸에 닿는다
원시의 숨결로 설레인다
가끔은 권력 같은 돌멩이가
발치에 걸리고,
그래도 미움을 놓고 가는
관대한 발걸음을 익힌다
옛소리로 미끄러지는 산새의 선율이
더욱 달콤하다
꽃잎 하나 바람을 흔들며
일상의 옷을 벗는다.

『저기, 어둠의 실루엣 허물어진다』(2008.기획출판 오름)

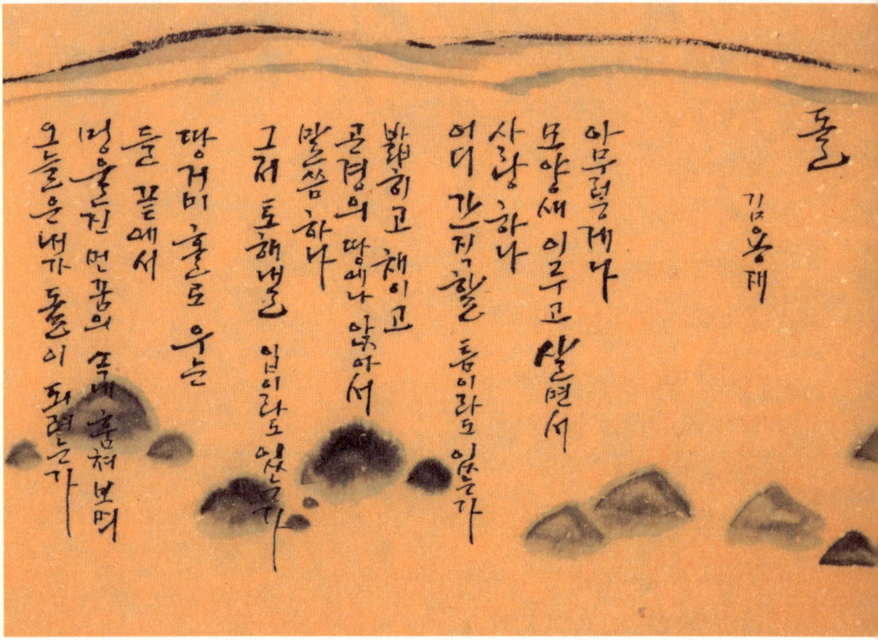
돌
김용태
아무렇게나 모양새 이루고 살면서
사랑 하나
어디 간직할 틈이라도 있는가
밟히고 채이고
골병의 땅에나 앉아서
말씀 하나
그저 토해낼 입이라도 있는가
땅거미 홀로 우는
들 끝에서
멍울진 먼 꿈의 속내 훔쳐보며
오늘은 내가 돌이 되려는가

돌

아무렇게나
모양새 이루고 살면서
사랑 하나
어디 간직할 틈이라도 있는가

밟히고 채이고
곤경의 땅에나 앉아서
말씀 하나
그저 토해낼 입이라도 있는가

땅거미 홀로 우는
들 끝에서
멍울진 먼 꿈의 속내 훔쳐 보며
오늘은 내가 돌이 되려는가.

『저기, 어둠의 실루엣 허물어진다』(2008.기획출판 오름)

달빛 같은 무슨 생각이
김용재
달빛 같은 무슨 생각이
바다에 떠 있을 때
파도는 자동사였다
노래하다
소리치다
성깔부리다,
몸으로 운동
세상을 후렸다 —
걸어가다 달려가다 주먹질하다.
그리고 또 이빨을 갈았다
음흉한 행동의
근원을 찾으며
달빛 같은 무슨 생각이, 다시
모래 위에 서성거렸다

달빛같은 무슨 생각이

달빛같은 무슨 생각이
바다에 떠 있을 때
파도는 자동사였다
노래하다
소리치다
성깔부리다,
몸으로 온통
세상을 후렸다
걸어가다 달려가다 주먹질하다,
그리고 또 이빨을 갈았다
움푹한 행동의
근원을 찾으며
달빛같은 무슨 생각이, 다시
모래 위에 서성거렸다.

『저기, 어둠의 실루엣 허물어진다』(2008.기획출판 오름)

우리의 꿈은 붉고 둥글다
김용재
대전의 꼭두머리 해가 돋는다
두둥실. 장엄한 불덩이가 오른다
침침한 적막 밀어 내고
역경이나 고립도 다 떨어 내고
싱싱한 웃음 웃는다
과묵한 정열 불탄다
숲이나 도시나 곱게 이루며
서리서리 넋으로 기리는가
광채의 저 금빛 춤춘다
먼 종소리 깨우고 전능 빛난다
아침은 그래 하나의 얼굴로 환하다
새날은 그래 믿음의 햇살로 따삽다
여기. 우리의 꿈은 붉고 둥글다
하늘 열면서 언제나 찬란하다
자유그림

우리의 꿈은 붉고 둥글다

대전의 꼭두머리 해가 돋는다
두둥실, 장엄한 불덩이가 오른다
침침한 적막 밀어내고
역경이나 고립도 다 떨어내고
싱싱한 웃음 솟는다
과묵한 정렬 불탄다
숲이나 도시나 곱게 어루며
서리서리 넋으로 기리는가
갈채의 저 금빛 춤춘다
먼 종소리 깨우고 전능 빛난다
아침은 그래 하나의 얼굴로 환하다
새날은 그래 믿음의 햇살로 따삽다
여기, 우리의 꿈은 붉고 둥글다
하늘 열면서 언제나 찰랑하다.

『큰 꿈은 일어나 날개를 달고』(2010.기획출판 오름)

식장산 별곡
김용재
산 고랑 불고랑 굽어 내린다
소리의 탯줄이 흐른다
소나무나 참나무나 흔들린다
소리의 뼈가 부스러진다
알몸의 돌 미끄러진다
소리의 덩어리 운다
소리소리 사이로 설화는 달게 익어
백만 군사 식량 쌓이고
원시림 길목이듯 신비도 쌓인다
자유는 울창하고 가을은 또 익는다
바위보다 무거운 세월의 중압
적막 속에 덥썩 내려놓고
산은 이제 슬기 속에 몸을 담근다
양지와 음지 사이 등굽은 인간사
뜻에 걸리던 진실 굽어 살펴일까
은밀한 탈속의 뜻을 연다
자유 박석신
글씨 그림

식장산 별곡

산고랑 물고랑 굽어내린다
소리의 탯줄이 흐른다
소나무나 참나무나 흔들린다
소리의 뼈가 부스러진다
알몸의 돌 미끄러진다
소리의 덩어리 운다
소리소리 사이로 설화는 달게 익어
백만 군사 식량 쌓이고
원시림 길목이듯 신비도 쌓인다
자유는 울창하고 가을은 또 익는다
바위보다 무거운 세월의 중압
적막 속에 덥썩 내려놓고
산은 이제 슬기 속에 몸을 담근다
양지와 음지 사이 등급은 인간사
목에 걸리던 진실 굽어 살핌일까
은밀한 탈속의 뜻을 연다.

『큰 꿈은 일어나 날개를 달고』(2010.기획출판 오름)

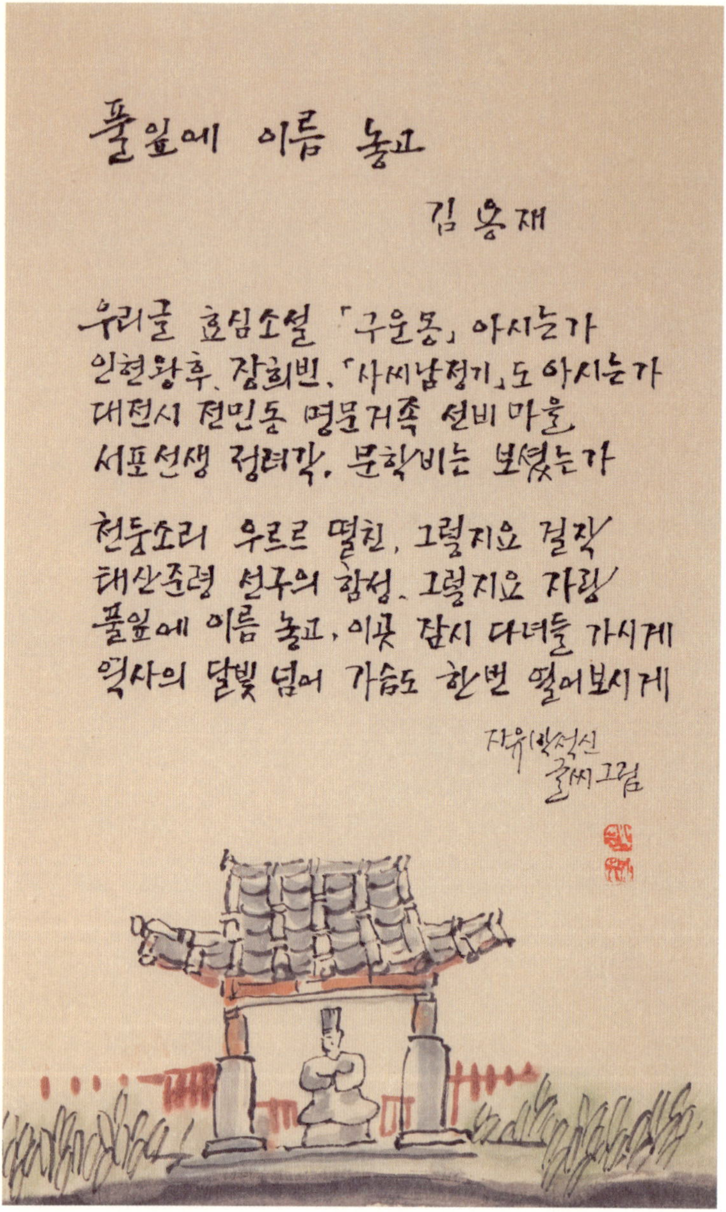
풀잎에 이름 놓고
김용재
우리글 효심소설 「구운몽」 아시는가
인현왕후, 장희빈, 「사씨남정기」도 아시는가
대전시 전민동 명문거족 선비 마을,
서포선생 정려각, 문학비는 보셨는가
천둥소리 우르르 떨친, 그렇지요 걸작
태산준령 선구의 함성, 그렇지요 자랑
풀잎에 이름 놓고, 이곳 잠시 다녀들 가시게
역사의 달빛 넘어 가슴도 한번 열어보시게
자유 박석신
글씨 그림

풀잎에 이름 놓고

우리글 효심소설 『구운몽』 아시는가
인현왕후, 장희빈, 『사씨남정기』도 아시는가
대전시 전민동 명문거족 선비마을
서포선생 정려각, 문학비는 보셨는가

천둥소리 우르르 떨친, 그렇지요 걸작
태산준령 선구의 함성, 그렇지요 자랑
풀잎에 이름 놓고, 이곳 잠시 다녀들 가시게
역사의 달빛 넘어 가슴도 한번 열어보시게.

『큰 꿈은 일어나 날개를 달고』(2010.기획출판 오름)

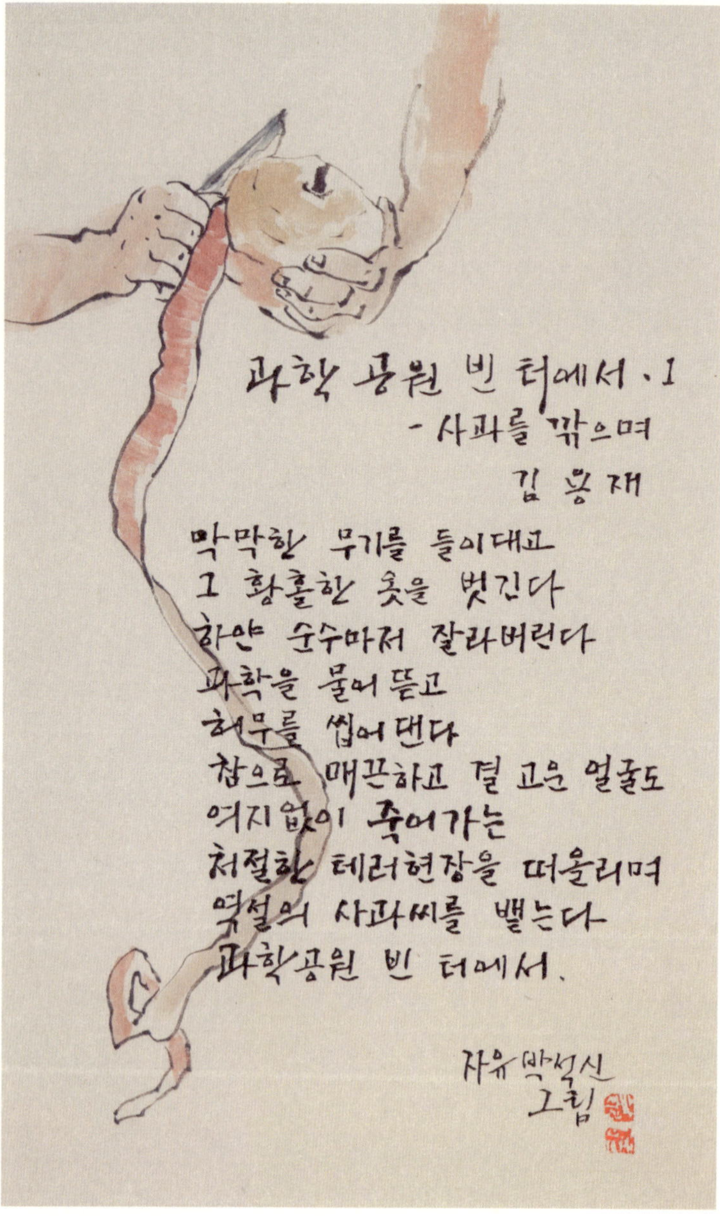
과학 공원 빈 터에서 · 1
- 사과를 깎으며
김 용재
막막한 무기를 들이대고
그 황홀한 옷을 벗긴다
하얀 순수마저 잘라버린다
과학을 물어 뜯고
허무를 씹어 댄다
참으로 매끈하고 결 고운 얼굴도
여지없이 죽어가는
처절한 테러현장을 떠올리며
역설의 사과씨를 뱉는다
과학공원 빈 터에서.
자유 박석신
그림

과학공원 빈 터에서 · I
– 사과를 깎으며

막막한 무기를 들이대고
그 황홀한 옷을 벗긴다
하얀 순수마저 잘라버린다
과학을 물어뜯고
허무를 씹어댄다
참으로 매끈하고 결 고운 얼굴도
여지없이 죽어가는
처절한 테러현장을 떠올리며
역설의 사과씨를 뱉는다
과학공원 빈 터에서.

『큰 꿈은 일어나 날개를 달고』(2010.기획출판 오름)

2

그래도 세상을 멋지게 보며

아가(雅歌)에서

우리 사랑 다시 태어남을 위하여(르네상스 목척교) 까지

雅歌

그녀의 눈 속에는 호수가 들어있지요
그녀의 숨결은 달빛이지마는
저어 나갈 수 없는 물결 때문에
그녀의 눈속에 깃든
태양의 한 모서리는
어느 편에서도
재어볼 수가 없었습니다
그녀를 위해 바다 끝에 묻어버린 태양
그녀를 위해 온 밤의 별자리를
지워버리고, 쓸쓸하게
흔들리는 호숫가의 갈대
그리고 나는 아침마다의
어둠 속에서
한 벌의 옷을 떨쳐버리고
아침이면 항시 옷을 갈아입고
나뭇가지 가지의 끝을 울리고서 떠나는
새 한 마리의 종적을 마음속 깊이
새깁니다.

『겨울 산책』(1976.현대문학사)

겨울 강가에서

성숙해진 사람마다
모두들 하나씩 돌을 줍고
얼어붙은 겨울 내부에
나는 발돋움을 하고 있는데
나룻배 떠돌던 강가
철새들 깃을 치며 다가오는
생성의 아픔,
쌀쌀한 자취
쌀쌀한 생활의 갈피에서
만들어진
모래톱 가까이 서면
강물에 던지고 싶은 울림이 남는다
고독한 사랑으로 받아모은
조그만 說話의 전달을 거부하고
구름 뒤에 숨어있던
어느 둘레를 바라보면
이유 모를 현존의 얼굴이 비친다
그리하여 겨울은
침실없는 우주를 여행한다
떨리는 노래로 싹이 터

닫힌 구석을 돌아온다
할 일도 없이
이렇게도 나는
호적없는 꿈을 꾸고
인적이 가신 시간에 어울려
질서를 잃어보는 것일까
친구여
여름날 바다에서
철새의 날개 끝에 파도는 건강하였지
그 건강한 파도를 넘어
이제 저녁으로 밀리는 수평
어디쯤 슬기로운 시선을 두고
노래를 터트리는 가슴은
누구를 앞서 부르고 있다
겨울 강가에서
해빙의 뜻이 일기 전
나는 파도의 꿈을 다듬고 있다.

『겨울 산책』(1976.현대문학사)

겨울 散策

I

저 대문 밖 시가를 지나
들길로 가면
산보하는 사람들 증언을 알겠네
흙색 무덤 가
여울 밖에 구름떼
뭇새도 우는
이 가득한 햇빛 때문에
언덕 위
숲속을 되돌아
마음 풀고 서 있는 곳
풀빛 생각들이야
기어이 마주친 나의 살, 나의 살
나뭇잎은 떨어져 딩굴고
그 여름비 내리던 산정으로
어둠이 달리면
달의 눈물을, 살의 눈물을
뜨거운 손벽에 헤쳐나 보리.

II

겨울 깊숙이 돋은 싹이려나

뼈자국 곁에서
내 살갗에 층계를 이룬 얼음 덩어리
시간이 살아가는 노래
과녁 밖에 서성이는 이웃들의 고단함
바람은 날을 세운다
길목에 섞이어 모여드는 어둠
질긴 질경이는 뿌리
그 살속에 흐르는 바람
눈을 뜨고
여물어 가는
아,
나의 집 북쪽은 너의 집 남쪽
어이 눈은 녹지 않는가.

Ⅲ

맨살의 아이들만큼
아무렇게나 놀아 볼거나
무슨 허물도 없이
말 한마디 어울려 볼거나
여름 가까이 고향에서

어디 숨겨둘 수 없는 어둠이여
새들이 쪼아내는 이랑진 시간엔
내 살속에 배인 아리랑같은
그리고 내 모습의 뒤에 자리한 그늘
가지마다 무거운 그늘을 그린
다리 곁으로 서서
변화와 질서와
그 중량을 다 모르고
아직은
역겨웁게 탐내 보겠네
성충의 열렬한 노래를.

『겨울 산책』(1976.현대문학사)

그래도 세상을 멋지게 보며

그 날 저녁 우리는
醉氣로 시달리며
멋지게 걷는다 했지
귀가의 노래를 부르고 있었지
단단하게 죽은 뼈와
지글거리던 눈물과
피 냄새와, 무슨 돈 냄새와
우리 곁 여인의 속살에선
무서운 슬픔이 삐져나왔고
그래도 우리는 웃으며
세상을 멋지게 보며
큰 길로 나서고 있었지
살면서 엉킨 것을 도려내고
교활한 목소리를 긁어내며
어두운 것을 찢어내듯 길을 걸었지
눈 알맹이를 올려 보았을 때
하늘에는 더 흐릿한 달빛
하늘 밑으론 풀밭이 있는가
풀밭에는 벗삼을 짐승떼가 노는건가
우리의 노래는 무거워지고 있었지

그래도 세상을 멋지게 보며
우리들 집이 어딘지
우리는 결국 異邦의 손을 꼭 잡고
걷는 것이었지.

『아침바람 行次』(1980, 시문학사)

봉황동 까치소리

백제 땅 어둠을 허물어뜨리고
성가신 정적도 무너뜨리고
큰샘 물빛에 부리를 모아
까치가 소리를 하면
싱싱한 음성으로 鳳凰洞엔 아침이 온다
철없는 공간은 그 때
까치소리로 메워져가고
우리는, 까치가 다스린
공간에 빈 손을 뻗어
예쁘고 곱게 짚어가는 하루를
손에도 가슴에도 세운다
기쁨으로 밀려 와
생명의 바른 동작을 깨우쳐주고 떠나는
수절같은 것
문명이 밝은 앞 뜰에서
향그러운 축제가 되고
내용이 꼭 짜인 정감을 키운다
퇴색해가는 전설을 흔들어
일렁이던 백제를 부르고
노을지던 백제를 다시 부르며

그리고, 둥그런 해를 띄운다.
봉황동에 밀려 온 까치야
우리의 생명은 아침을 낚는 영혼
촘촘한 네들 소리를 들으며
상서로운 큰샘 물
하얀 물을 마신다.

『아침바람 行次』(1980.시문학사)

아침바람 行次

바람에도 핏줄이 있나봅니다
그녀의 새벽을 굽어본 이는 없으나
막 치운 아침 밥그릇에
그녀는 자취없이 찾아와서
나의 하루를 채워주고
그리고나서
나는 나의 하루가 빈 밥그릇에
채워져 있음을 확인하게 되니까요
어허, 어허,
내 속 내장 깊이에 숨어있던
허파들이 일제히 소리치면서
숲속 나뭇가지 가지에
나뭇잎처럼 소란스러워질 때
비로소 나는 그녀의 행차를 뜻있게
노려보기 시작합니다
그녀는 새벽 속에 빛 아닌 빛 속의 빛
그러기에 새벽을 지키고 서 있다가
막 치운 아침 밥그릇을 채워주고
그리고 거리마다
오늘 하루의 돛을 올리는

집집마다 상점의 문틀을 노크하면서
달아나지요. 허파 속에 입김
보이지 않는 거미줄과 같은
약속의 실매듭을 풀면서
긴긴 푸르름의 행랑
아니, 나 하나의 목숨
사랑의 벽 무너뜨려 놓고서
돌아가고 있지요.
그러기에 밥상 머리에서
마주치는 그녀의 입김은
피 조금 섞어놓은 바닷물 깊이에서
소금의 눈부심이었지요
바람에도 사랑은 있었던 것입니다.

『아침바람 行次』(1980.시문학사)

봄 풍경

작은 도시의 끝이던가, 그 한 자락의
들판에서
농부는 밭뙈기를 갈아 제낀다
흙의 속살이 푸짐한 진실로 들어난다
국수가락인가 하고 막걸리 한 사발이
한나절 정정한 햇살을 담고 온다,
집 나서 들개는 날뛰고
예비군 훈련장의 총소리가
깜짝, 들판을 후린다
힘깨나 쓰는 최루탄 배터진 냄새인가
슬금슬금 다가 와 있다
멍에를 걸고 서서 황소는
지긋이 눈 껌벅이고 있다
개나리 꽃송이만 등신같이
노랗게 웃고 있다.

『휴일의 새』(1985.호서문화사)

그대와 나의 역사에는

한 세상 돌이키는 순간들을 위하여
날은 저물고
저무는 날의 겹겹 어둠 곁에서
그대와 나의 역사에는
이제, 정밀한 소리를 길러야 한다
낮과 밤의 무수한 이웃 관계를 위하여
타오르는 불꽃의 도도한 채찍을 느끼며
신중한 눈을 뜨고
그대와 나의 역사에는
이제, 깨닫는 기억을 펼쳐야 한다
눈물이 마르는 슬픔과
살아나는 해변의 파도와
잔혹한 당연의 합리
그리고 희생과 책임과 질책과
가슴에서 나오는 모든 것
그대와 나의 역사에는
조용히 담아야 한다
잡히지 않는 세월의 발목을 놓고
그대로 넘어져 울어댈 것인가
종소리만의 슬픈 밤을

실어내고 말 것인가
빨갛게 달아오른 얼굴과
겸허하게 다듬던 그대의 피부
숨겨도 좋을 사랑과
되돌아 끌어내는 기억의 끈을 잡고
그대와 나의 역사에는
이제 승전의 밤을 새겨야 한다.
깨어나는 지혜
일어나는 빛을 물고
캐어낼 것 모두 캐어내는 이 밤에
그대와 나의 역사에는
그대와 나의 늘어진 힘
세워야 한다
세워야 한다.

『휴일의 새』(1985.호서문화사)

매화꽃 피는 밤에

그저 호젓한 이름 새기다가
지쳐서 눕고 보면
더 퍼덕이는 사랑의 날개
깃발처럼 여백을 흔들고
캄캄한 골목길
그 봄날이 썩던 냄새
문을 열고 다시 들어서누나
꺾이지 않는 노래를 위하여
가슴의 한 곳 빈터를 다듬고
부러진 사랑 부서진 그리움
깨어나는 옷을 입고 있을
아침을 기다리며,
잘 자란 슬픔이
한몸의 무게를 또 누르누나
그 옛날 슬기의 많은 말씀을
익히던 꿈으로
민주의 생각, 생각의 가슴
깨어진 모서리를 깁는 것인가
매화꽃은 피어나고
날마다 어울어지는 바람속

매화꽃 피는 밤에
연연한 당신의 피리,
이제 놓누나.

『저무는 날의 명령법』(1988.호서문화사)

저무는 날의 명령법

Ⅰ

오늘 이 하루를 그냥 저물게 하는가
오늘 이 한달을 그냥 접도록 하는가
오늘 이 한해를 그냥 지나게 하는가

그러나 텁텁 욕심을 비우게 하라
그러나 꼭꼭 마음을 채우게 하라
그러나 골골 생각에 잠기게 하라

새들도 노래를 잊은 빈 둥지에
그리운 달덩이 내릴 때까지
치욕으로 밀리던 세월의 바람결
부서지는 꿈 안을 때까지
그저 열리는 가슴 있게 하라
가슴 앞에 분명한 휴식이 있게 하라.

Ⅱ

봄 꽃송이의 눈물을 그려봄일까
여름 소나기의 횡포를 저주함일까
가을 귀뚜리의 외로움을 집어봄일까

그러나 겨울은 승자의 몸짓을 보고
그러나 겨울은 패자의 어깨를 보고
그러나 겨울은 파도의 혼돈을 보고

잡다한 소문과 근심의 노래와
껍데기 말씀과 등치 큰 글자와
참으로 망연한 웃음과 비굴한 주먹
강물 건너고 언덕 오르며,
딩굴고 딩굴어서 벌판에 잠들게 하라
깨어나면 사랑을 만들게 하라.

Ⅲ

허공엔 멍멍한 구름 있는가
대지엔 사나운 바람 있는가
뱃속엔 캄캄한 어둠 있는가

그러나 철드는 하늘 있음이여
그러나 푸근한 눈발 있음이여
그러나 숨쉬는 햇빛 있음이여.

우리는 귀족의 혈통도 아닌 것이리
우리는 빈자의 가문도 아닌 것이리
속 아픈 양심을 담고 살고
시달린 자유를 먹고 살고,
이제는 고독한 생울음 시들게 하라
싱싱한 목숨의 아침 트이게 하라.

『저무는 날의 명령법』(1988.호서문화사)

가을밤 소나타

언덕에서 외친 소리는
물을 건넜다
언덕에서 던진 돌은
물에 빠졌다
소리의 힘은 커 나가고
팔뚝의 힘은 잘려 나가고,
파문을 일구던 검은 빛의 시간을
걷어내며
우리는 달덩이에 시선을 모았다
발 밑에서 일어나는 풀벌레의 노래가
품속을 파고 들 무렵, 그러나
가을의 江은 휘청이며 이를 갈았다
한낮의 붉은 역설들을
차갑게 식히는가
밤바람의 팽팽한 힘과
대결을 하는가
강물은 열이 올라
가슴 휘젓고
이승의 객지로
달덩이는 혼자서 잠적을 했다
어둠 속에서 우리는
서로의 시선을 찾고 있었다.

『병사와 달맞이 꽃』(1992.문경출판사)

구절초의 눈웃음이 있는 산길

새벽별 별빛으로 젖어
촉촉한 가슴
비비고 문지르며
일찍 피어난 한 몸의 꽃송이
보면서, 천진한 길을 가르고
고요한 가지와
가지 및 어여쁜 어스름 마주하며
목청으로 사는 담론의 세상
바람결에 또 밀어놓고
오늘은 그 구절초의 눈웃음이 있는 산길에
향내나는 목숨의 인연을 심는다
인생의 어지러운 꿈이나
꿈 키우는 여전한 주술(呪術)
그래서 모두 떼어놓고
아름드리 기둥으로 크는
곱디 고운 생각의 나무들을 껴안으며
숨찬 역사의 사랑이나
사랑의 빛깔로 타오를
풀잎이나 나뭇잎의 얼굴
순정이듯 출렁하게 그리면서
오늘은 그 구절초의 눈웃음이 있는 산길에
제 모습, 가을의 새 주소를 새긴다.

『병사와 달맞이 꽃』(1992.문경출판사)

거울

민주나 자유를 찾는 동포들의
극심한 관료주의나 독재 횡포
그리고, 잡목처럼 키를 세운 민중운동이나
공산당의 가짜 휴머니즘같은 것들이
펄펄 깃발을 날리며
이승에 흉터를 내고
먹구름을 몰고 온다고 했는데
새도 한 마리 날지 않는
그런 하늘 가는 길에서
오직 순리의 머리만을 밀고 있다는
혁명때 돌아가신
내 아버지의 소식 들었네
달빛도 별빛도 모두 문드러진
차거운 창 건너편을 올려보며
튼튼한 운명의 끈이나
그 끈으로 묶인 묵묵한 사랑을
그래서 느껴 보았네만
꿈의 원초 잇다은 길에서
사랑은 다시 길채비로 머물고
으슬으슬 잔등 시려운 밤의 무게와

적적한 목숨의 억양 또 느끼며
새벽이 트일 때까지
내 아버지는 끝내 만나보지 못했네
그러나, 오늘은 다시 잠자리를 헤치고
운좋은 갈꽃, 눈가에 드리운 미소와
아버지의 기척, 순리의 영원을 곱해서
멍멍한 가슴에
거울 하나 달아보네.

『병사와 달맞이 꽃』(1992.문경출판사)

봉선화

이쁘게 옷을 입었구나
살결도 참 곱구나
햇빛이나 달빛과 놀겠구나
속 마음도 모두
내 놓겠구나
쓸개 빠진 바람은 싫겠구나
바람 든 사람도 싫겠구나
땅개들 얼려들면 울겠구나
구두소리 저벅대면
또 울겠구나
깔깔한 세상 알고
질타하는 세월도 알고
소담한 마을 보고
연민하는 사람도 보고
지금은 빈 가슴 놓겠구나
기우는 별빛을 담겠구나.

『병사와 달맞이 꽃』(1992.문경출판사)

친구 찾기

어둠을 밟고 오거나
또는 어둠 사이로 말 없이 왔다가
대전에서 밥 먹고
대전에서 물 마시고
드문드문 당뇨증 오줌이나 찌뿌리며
북쪽으로 혹은 남쪽으로
금붙이 은붙이 물고 날아가는
철새를 겨냥해서
고성능 산탄총을 갈기겠다고 벼르던
장승같은 친구 하나 보이질 않는다
더퍼리 허기진 참새나 잡고
보문산 철모르는 뫼새나 잡다가
새로 까붙이는 시가지
둔산동 크레인 소리에 묻혀버렸는지,
세월 뒤에서 오그리고 사는
그렇고 그런 양반의 아들로 돌아갔는지
뱃심 좋은 친구 하나
요즘은 도무지 보이질 않는다
변두리 쑥갓 쌈
감칠 맛 달아나고

김씨네 집 비둘기는
이래 저래 열병만 앓고,
의리있는 친구 하나
요즘은 도무지 보이질 않는다.

『병사와 달맞이 꽃』(1992.문경출판사)

憂愁의 詩

먼 꿈길
서러움 때문일까
허전하게
아내가 울었다
찰랑하게
여름이 울었다
우연으로
비는 내리고
그 날
그리움이, 다 젖었다.

『바퀴에 깔려도 햇살은 죽지 않는다』(1993.시문학사)

612호실의 韻文

푸르름 우거지고
매끄러운 하늘 있어도
지금은 나의 갈곳
없어져 버렸다
가지에 옮겨 앉고
나무에 옮겨 앉고
그러다가 훌훌 날아간
엇그제 파랑새
다시 올까 기다리며,
열린 길 다시 찾는
그렇게 불안한 인생의 同類가 되어
번호 붙은 이 연극의 방에
짐을 푸는 수밖에 없었다

나그네 한평생을 축소해 놓고
본격적인 불행을 비틀어 놓고
그러면서 또
들꽃의 청초한 치마폭
그려도 보았다
눈송이의 은은한 율동
당겨도 보았다.

『바퀴에 깔려도 햇살은 죽지 않는다』(1993.시문학사)

깃대

나부낄 깃발을 위하여
맨몸으로 그냥 서 있다

열렬한 하늘의 노래를 위하여
슬픔으로 그냥 서 있다

오직 하나만을 위하여
꼿꼿하게 그냥 서 있다

빈 깃대를 보며
素服한 여인이 그냥 서 있다.

『바퀴에 깔려도 햇살은 죽지 않는다』(1993.시문학사)

잃어버린 여름

하루는 또 하루를
되돌아보며
설익은 잠을 깨고
꾸역꾸역 식은 땀을 흘리듯 맥없이
현대의 한낮으로 걸어나간다
여름은 또 여름을
다시 돌아보며
시간의 순례, 그 따분한 행렬을 더듬고
메마른 슬기의 벌판을 건너서
일몰의 품속으로 기어간다
이제는 또 어둠이 밀려올 차례,
어둠 속에 떨어지는 아픈 생명과
생명 속에 여울지는 진한 어둠
인연같이 어울리며
나는 때아닌 절규의 노래를 부른다
황량한 언덕을 기어오른다
구속된 모든 삶과
제한된 모든 행위
마비된 세월에서 깨어난
새로운 고통을 짊어지고

그러나 나는, 엄숙한 진실을 알고 간다
진실의 길이만큼 슬픈,
말없는 위험을 안고 간다
위험속의 인생은
삶의 상대적 가치 키우는 승화작용,
또는, 기다림같은 어떤 미학이었을까
황홀한 꿈속엔가 서성대면서
깨끗한 죽음의 명상
나는 아직 모른다
아름다운 죽음의 명상
나는 아직 모른다
찬미의 죽음
나는 더욱 모른다
산비둘기 곱게 우는 저녁이나
낭랑한 자연의 자장가
그리고, 혁명이듯 소낙비 내몰던 활력이나
파도의 싱그러운 몸뚱이,
불사의 그 그리움을 멈추지 않는
조용한 시간을 측량하면서
거듭나기의 넋으로 일깨워보는

나의 삶은, 그저 아름다운 것이었다
나의 살아있음은, 그저 신나는 것이었다
그렇던가
그렇던가
잃어버린 여름이 있었구나
차가운 흐느낌이 있었구나
응시하는 인생이 있었구나
노역의 망망함이 있었구나
지나간, 그래도 후광의 계절을 생각하고
미운 이름도 안아보고
시골의 흙길이나 도시의 페이브먼트
힘의 원리 다시 작용하는
아이같은 기쁨과
어른같은 철학을 포용하며
나는 이제,
잃어버린 여름 불안의 멍에를 벗는다
고통의, 고리를 끊어낸다.

『바퀴에 깔려도 햇살은 죽지 않는다』(1993.시문학사)

이승과 저승이 따로 없을 것도 같았다

검은 벽이 보인다
하얀 빛이 일렁인다
육신의 병이 뺨을 친다
정신의 詩가 실바람 소리를 낸다
제 몸을 돌아보고
제 옛날 돌아보고
恨익은 사랑이나
情붙은 인생이나
또는 그 진통이거나 물거품이거나
멍멍한 속세상
혼자서 본다
점점 더 가까이 열리는
피멍든 꽃빛깔
저승의 門같은 것일까
여전히 혼자서 본다
바르게 목숨을 놓지 못하고
허공을 흔드는
늘, 거부의 몸짓으로 살면서
태어나고 죽는 것
그 캄캄한 의미의 상자를

언제 열어보았던가
이름없는 생애의
바람이나 구름결
막연한 행각을 지켜보다가
천둥소리에 실려오던
우연한 불덩이
순간의 놀람과 황홀함의 혼불을
몸에 감고,
그렇더라
잘 생각해 보면
이승과 저승이
따로 없을 것도 같았다
검은 벽이나 하얀 빛이
따로 없을 것도 같았다.

『바퀴에 깔려도 햇살은 죽지 않는다』(1993.시문학사)

저승사자와의 타이틀 방어전

어둠의 옷자락에
별빛은 총총 모여들고
아래층 영안실
죽음 위에 얹히는 통곡들이
한참을 머물다 하늘로 흩어진다
흩어지다 들어와
가끔은 내 가슴을 만지고 가는
소리의 아픈 정거장, 031호실에
나는 또 쓰러지듯 누워서
병마와 고통과의 싸움을 다시 하고 있었다
내 분수의 강의도 빵꾸내고
밖에서의 특강도 빵꾸내고
때마침의 주례도 빵꾸내고
이웃들의 애경사 모두 몰라보고
절망을 무너뜨리는
그래도 익숙한 싸움을 하고 있었다
성숙한 인생의 작업이었을까
아름다운 사랑의 시련이었을까
또는 올바른 죽음의 연습이었을까
체온이 스민 생명 하나를

오래도록 차지하기 위한
그렇다, 그것은 저승사자와의
타이틀 방어전 같은 것이었다.

『청동빛』(1998.푸른물결)

절망 하락의 값

인간의 자아에 대한 절망은
신을 거부하는 죄이므로, 키에르케고르는
이를 죽음에 이르는 병이라 했다.

삶의 한가운데 죽음이 있다거나
삶의 반대편에 죽음이 있다거나
삶과 더불어서 죽음이 있다거나
이승을 이별하는 삶의 마지막에
저승을 밟는 또 다른 삶의 시작이 있다거나
죽음이 병이 아니라, 죄라고 한다거나
아름답고 품위있고 존엄하게
죽음에 대한 도움을 청한다거나,
당신이 남기는 말씀 하나
그렇지, 절대적 절망 하락의 값이었지.

『청동빛』(1998.푸른물결)

키에르케고르(Kierkegaard : 1813-1855)

덴마크의 종교철학자. 풍부한 상상력과 예리한 변증의 귀재. 현대의 실존철학, 변증법적 신학에 큰 영향. 우리의 삶은 '이것이냐 저것이냐'의 결정이며 삶의 진전은 매개에 의한 것이 아니고 반복에 의해서, 또한 그것은 연속적 진행이 아니라 돌연한 비약, 질적 변화에 기초를 두는 것이라고 주장.

허상의 그림자를 지우며

칠흙의 어둠으로 가릴 수 없는
굵은 상처가 있다
엄동의 흰 눈으로 덮을 수 없는
깊은 미움이 있다
그 미움과 상처의 몸 그림자를 밟고 지나가는
늙은 개 한 마리가
벌판의 자유와 한밤의 생기를 되새기듯
몇 번을 뒤돌아 본다
태양은 다시 나의 그림자를 끌고
아파트 골목을 빠져나와
공원의 빈 터로 향한다
아무도 없는 벤취에 구름떼 머물다 가고
인생의 아픈 내력과 슬픔을 꺼내보는
조용한 산책길에 까치가 서성대며
내 생각의 안으로 들어온다
소망의 뜻을 갈던 정신의 뼈대만으로
뒤척인 세월 굽이쳐 흘러갈 때마다
허기진 육체의 살덩이는 늘
내 나라의 땅과
땅에 박히는 노동의 믿음을

그리워 또 그리워했다
불현 듯 그런 감상에 지배되고 떠밀리며
까치가 서성대는 땅에서
다시 겨울 해거름의 미동을 본다
인내의 향기일까, 향기의 너울일까,
차갑고 맑은 바람의 노래를 담고
이제는 나의 허상의 그림자를 지우며
휴식의 가슴에 불을 지핀다.

『청동빛』(1998.푸른물결)

1994, 종달새의 신곡

노출된 시간의 입자들이
눈부신 공간에 모인다
예리하고 칼칼한 음성이
그 공간에서 떨어진다
헐값의 미련 내 던지고,
앙살한 바람 틈에 깃을 다듬고
종달새가 열렬하게 노래를 한다
폐쇄의 문명과 배신의 억압과
우매한 설움을 전한다
열림의 사상과, 비상의 세력
그리고 새로운 역사를 알린다
본질의 소리를 날린다
나들이의 들판에는
푸른 꿈들이 몸을 세운다
아픈 나라의 시인이 걸어간다.

『머물러 있던 시간의 비상』(2002.기획출판 오름)

또 하나의 일상

저녁때가 되면 거의 매일같이
나는 후버고등학교 풋볼구장으로 갔다
넓고 푸른 잔디 위에서 하늘 끝을 보며
검붉은 햇덩어리 다시 끌어올리듯
심호흡을 하고, 그리고는 그 잘난 맨손체조를 하고,
열심히 걷기 운동을 했다
주위엔 늘 나보다 빨리 걷고,
힘차게 달리곤 하는 사람들이 있었고,
남녀노소 구분이 없었다
더러는 허옇게 벗어부친 사내도 있었고,
털보고 있었고,
감당하기 어려운 뚱뚱이나, 자꾸만 눈길을 끄는
젖퉁이가 유난히 큰 여인도 있었다
그런 저런 사람들 구경도 하며
훈훈한 살빛 찾기와
덧없는 우울증 몰아내기 등
또 하나의 일상, 나는 새롭게 갈고 있었다.

『머물러 있던 시간의 비상』(2002.기획출판 오름)

꽃과 시, 안면도에 출렁이는 영혼의 파도

서로의 몸을 기대고
얼굴을 마주하며
모여서 꽃들은
참 아름다운 시간을 만들어 낸다
지역도 국적도
아무런 술책도 없이
우리들의 시름 저 골목까지
영롱한 빛깔을 심어준다
그래서 살긋한 가슴을
바르게 세우고,
이제 꽃은 시가 된다
시는 다시 꽃으로 핀다
밤길도 한낮이 되는
미소의 땅 안면도에서
출렁이는 영혼의 파도를 이룬다

『머물러 있던 시간의 비상』(2002.기획출판 오름)

속배추가 있는 식탁에서

시간의 살 속에서
푸른 뜻 커간다
시간의 이랑마다
긴긴 꿈 차 오른다
속배추가 있는 식탁에서
상큼한 맛의 사무침
입에 넣으며
혀 끝에 달라붙는
삶의 열기를
다시 뱃속에 담는다
편안한 휴식을 위해
어둠이 걸어오고 있다
사각사각.

『머물러 있던 시간의 비상』(2002.기획출판 오름)

산수유 꽃

어릴 때 나는
심심찮게 싸움을 했다
싸움이라곤 하지만
대부분 일방적이었다
내 집 앞을 지나가는 놈이면
누구나 할 것 없이
시비를 걸고 때리고 넘어뜨리고
무슨 통행세라도 물릴 듯
그렇게 당당했다
한 두 살 나이가 많거나
덩치가 큰 놈도 별 수 없었다
내 뒤에는 늘 네 살이나 더 먹은
대장같은 형이 버티고 있었다
그 놈들은 결국 누룽지나 고구마 등
먹을 것을 갖다 바쳐야 평정이 되었는데
공짜를 챙기는 기분은
정말 짭짤한 것이었다
따지고 보면 그 놈들이 다
나보다 어려운 처지였는데
전쟁같은 힘의 원리만 조숙했을까.

산수유꽃 할딱거리는 소리는 듣지 못하고
나는 그 해 봄을 싸움만 하며 보냈다
추억을 꺼내면서
또 하나의 전쟁 소식을 듣는다
이라크가 무너지는 소리를 듣는다
후세인, 바그다드, 테러, 독재,
아니다. 군사정부를 세우고
오일웰 오일필드 오케이를 외칠 것인지
검게 뭉친 구름과, 붉게 젖은 하늘 저편에서
어여 어여, 미국의 부시가
당돌한 가슴을 풀어 제낀다
소인 없는 포탄을 날린다
팔이 잘리고 다리가 잘리고
감정도 잘리고 말씀도 잘리고
아이도 어른도 수없이 목숨이 날라가고
그래 그래 부시가 부신다
이기는 것일까 신나는 것일까
꽃샘바람이 흐드러지게 생리를 한다
그런데 때가 되면 북한도 부실 것인가
남쪽과 북쪽 싸움을 시킬 것인가

긴장의 한숨을 날리면서
오늘은 나의 형도 소용이 없다
하느님 생각이 더 간절한
삼월의 봄날이 무서워
개나리 먼저 피면
누렇게 얼굴이 뜰 것이다
산수유꽃은 여전히 할딱거릴 것이다
사랑이 벼랑에 걸린 때문이다.

『저기, 어둠의 실루엣 허물어진다』(2008.기획출판 오름)

4월, 그 주말의 풍경

그래도 비루한 시침의 속도 꺼놓고
충청남도 금산군 군북면, 산벚꽃축제 한다는
두메 산길 들어선다
기둥 하나 버티고, 눕는 듯 기운집 마당에
새소리 떠나고
풀포기 성성한 것 눈에 찔린다
옛날 이방吏房이 나와
궁벽한 청렴 읊조릴 듯
세월의 간격 참 멀기도 한데
곁눈질하며 4월은 빨리 왔을까,
산벚꽃 아직 눈망울만 내밀고 있다
옆에선, 중국산 황사黃砂바람 달라붙어
억세게 이 땅의 봄을 뒤집고
외팔이 포크레인이 자꾸만 세상을 까엎고 있다.

『저기, 어둠의 실루엣 허물어진다』(2008.기획출판 오름)

저기, 어둠의 실루엣 허물어진다

쓸만한 생(生)을 파먹는 거대한 병동의 시간
을 부러뜨릴 수 있다면, 시간은 또 깁스를
하고 라도 밤낮없이 마구잡이로 덤벼들
것이다
굴복하고 말면 속 편할 것이라 생각하다
가 세상에 어디 그럴 놈이 있겠는다 반문,
반문, 독하게 기(氣) 세우면 옛날처럼 그렇게
투사의 기질 꼭꼭 살아 날 것이다
숨소리에 걸려오는 아픈 매듭, 애써 풀면서
조용히 그리고 뜨겁게 마음 하나 챙겨 보면
불행한 영혼도 자족(自足)할 협정의 길 트고
있다는 것을 알게 될 것이다

별빛이 파랗게 몸에 스민다
저기, 어둠의 실루엣 허물어진다.

『저기, 어둠의 실루엣 허물어진다』(2008.기획출판 오름)

산 그늘 기대어 고개를 들면
– 구봉산

전쟁이 끝나고 아직 어릴 때
이 산에 와 사방공사를 했네
비탈에 듬성듬성 층계를 만들고
황갈색 모래흙 헤치며
나무를 심고 떼를 입히고
골짜기엔 돌을 쌓기도 하고
어른들 따라서 하라는대로
삭신이 쑤시는 줄도 몰랐네
이게 모두 부역이라 했는데
그 고통도 사랑도 함께 남아
아름답게 아홉 봉우리
풍치 세워 의미로 허공 꾸몄네
사는 일 이제는 쓸쓸함 더한대도
저만치, 산 그늘 기대어 고개를 들면
한조각 구름의 미소 입가에 닿네.

『큰 꿈은 일어나 날개를 달고』(2010.기획출판 오름)

달 쪼개진 밤에는

용태울 호젓한 저수지
아름대는 잔 물결
품안에 들이며, 푸득푸득
메타세콰이아 열병식 길 따라가면
장태산 산줄기 휴양림
후덕한 시설과 분수
갈색 바람과 풀잎
햇살과 그림자 두둥실 가락
그리고 추억을 헹구며 찾던
꾸불텅 그 산길 따라 나온다.
하루나 하루 밤 여기 쉬면서
세상 또 알고 딴 세월도 알고
숲이나 나무들 이념도 알고
달 쪼개진 밤에는, 그렇지
어둠의 무게도 반이 될 건가
조아리며 생각을 거듭하며
승천하는 진실의 큰 소리
두 팔로 힘껏 매달려 본다.

『큰 꿈은 일어나 날개를 달고』(2010.기획출판 오름)

한빛탑과 별무리의 노래

아침의 나라
일렁이는 숨결로
한빛탑, 하늘에 솟았다
그 꼭두머리
하늘 위의 하늘에서
별들은 밤낮으로 목청을 뽑았다
꿈을 태우고
혼을 날리며
만장일치의 결의안처럼
그들은 박수를 쳤다
문명이나 문화의 체온을
함께 나누며
사랑과 공감과 희망의 세월
마주 보면서
이 세상의 눈빛들은
푸르게 빛나고 있었다
어제와 내일을 오늘에 이어놓고
믿음의 영원을 빈 가슴에 가꾸며
우리들은 어울려
새 길을 달리고 있었다

한빛탑과 별무리의 노래
맨살 위에 흐르는 느낌을 담고
그립고 그리워서
역사는 정녕,
드높은 나팔소리를 울리고 있었다.

『한빛탑과 별무리의 노래』(1993.문경)
『머물러 있던 시간의 비상』(2002.기획출판 오름)
『큰 꿈은 일어나 날개를 달고』(2010.기획출판 오름)

우리 사랑 다시 태어남을 위하여
– 르네상스 목척교

으능정이 목척마을 그리움 타네
그 이름 솟아나 한밭에 번쩍이네
여기, 너울너울 윤나는 정을 품고
머무는 듯 다시 날개를 펴네
명품으로 징검다리 징검돌 또 놓으면
징검 징검 멀찍이 우리 걸어 볼 것이네
이슬도 밤비도 세월을 넘고
가로등도 못 잊을 사랑도, 그저
네 박자 희미한 곡조로 떠내려 가고
저 여울빛 추억의 후렴구 품어나 보겠네
목척교 르네상스, 르네상스 목척교
우리 사랑 다시 태어남을 위하여
차차차 차차, 차차 차차차
두 소절 재즈 음악 새로 챙기며
초승달 레만호, 분수도 드높게 올려 보겠네
물속 명미한 달빛, 건져도 보겠네.

『큰 꿈은 일어나 날개를 달고』(2010.기획출판 오름)

3

적막은 깨워서 소리치게 하라

내 이름의 기억이 앞서는 것은 아니었다. 내 가슴에 사는 사람들의 발자국이 더 깊게 남아있기를 바라는 꿈이었다.

김용재 시비

2007년 6월 9일 제막
(전남 장흥군 장평면 봉림리 157 · 계명성(鷄鳴聲)시비 공원)

청동빛

갈등의 긴 강물 속에
그물을 던져 건지는 것은
푸른 물결의 힘과
힘의 앙칼진 톱니
그리고 소망의 높이로 솟아난
햇살의 줄기
그 청동빛이었지

『저기, 어둠의 실루엣 허물어진다』(2008.기획출판 오름)

김용재 육필(肉筆)시비

2005년 7월 27일 제막
(충남 보령시 성주면 개화리 274 · 개화예술공원)

순환형식

바퀴에 깔려도 햇살은 죽지 않는다
어둠이 다가서면 밀려갈 뿐이다
바퀴에 깔려도 어둠은 죽지 않는다
햇살이 다가오면 밀려갈 뿐이다

『저기, 어둠의 실루엣 허물어진다』(2008.기획출판 오름)

3·8민주의거 기념탑

2006년 7월 14일 제막 (기념시 – 김용재)
(대전광역시 서구 둔지미 근린공원 내)

증언의 얼굴

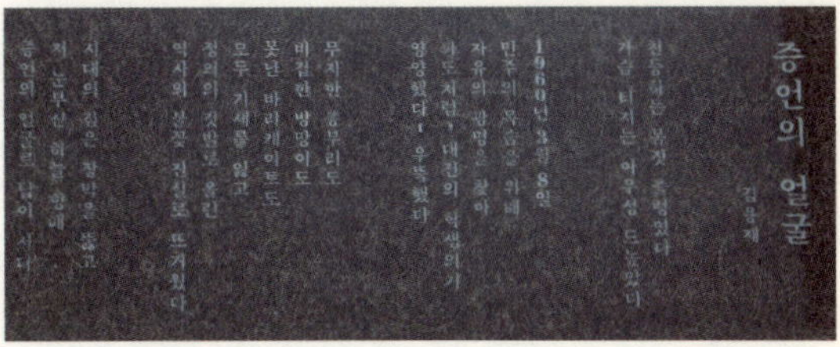

천둥하는 몸짓 출렁였다
가슴 터지는 아우성 드높았다

1960년 3월 8일
민주의 목숨을 위해
자유의 광명을 찾아
파도처럼, 대전의 학생의거
양양했다 – 우뚝했다

무지한 총부리도
비겁한 방망이도
못난 바리게이트도
모두 기세를 잃고
정의의 깃발로 올린
역사의 불꽃 진실로 뜨거웠다

시대의 검은 장막을 뚫고
저 눈부신 하늘 향해
증언의 얼굴로 탑이 서다

『저기, 어둠의 실루엣 허물어진다』(2008. 기획출판 오름)

박팽년 시조비

1998년 2월 건립 (송시 – 김용재)
(대전광역시 동구 용운동·용운도서관 내)

頌詩
– 벙벙한 그리움 심어놓고

사람마다 슬픈 가슴
벙벙한 그리움 심어놓고

靑史의 갈피갈피
속우린 영혼의 꽃 피는가

어진 뜻 곧은 절개여
천년을 더 희게 빛나라

『저기, 어둠의 실루엣 허물어진다』(2008.기획출판 오름)

대전대학교 설립자 志山 林達圭 (1931-1988) 先生像

1995년 10월 30일 제막 (송시 - 김용재)
(대전광역시 동구 용운동 · 대전대학교 지산도서관 앞)

頌詩
– 홰 치는 새벽 증언하시다

열린 뜻 소망과 보람
빛나는 象牙의 탑 세우시고
홰 치는 새벽 증언하시다
겨레의 가슴 불 밝히시다

푸른 넋 사명과 지혜
뜨거운 知性의 꿈밭 일구시고
배움 뜻 진한 목소리 높이시다
조국의 정기 꽃 피우시다

『저기, 어둠의 실루엣 허물어진다』(2008.기획출판 오름)

호연 이판기 선생 숭모비

2012년 10월 13일 제막 (송시 - 김용재)
(충남 금산군 군북면 호티2리(백운리) 성주이씨 조상묘소)

頌詩
– 적막은 깨워서 소리치게 하라

상서로운 빛으로 새벽을 열고
애국, 효도. 이웃 돕는 한 평생이었네

가득, 술잔 채우고 밥사발은 물리거라
적막은 깨워서 소리치게 하라

오직 뜨거운 정으로 말씀 벙글다가
넘치게 트이는 浩然, 아아 당신의 이름

《대전문학시대》 2012.겨울호

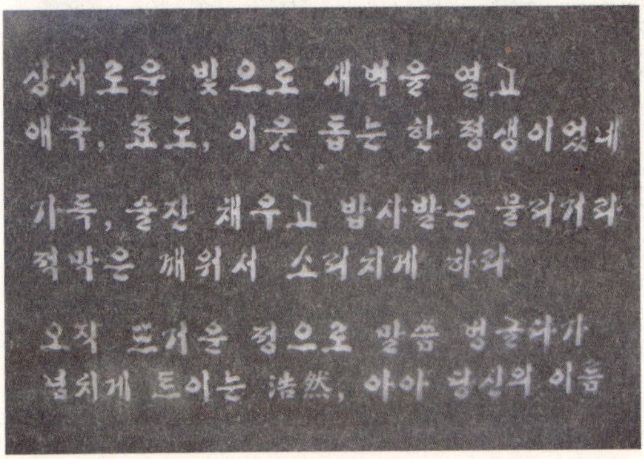

정 훈(1911-1992)시비

1994년 10월 9일 제막 (시비 건립 공동위원장 - 김용재)
(대전광역시 동구 하소동 · 만인산 휴양림)

정 훈 시인 추모 시낭송회 기념 (2000. 3. 18)

앉은 분 좌로부터 구상회 · 김대현 · 정병선(정 훈 선생 자제)

밀고 끌고 다시 오세요
– 정훈 선생 추모 시낭송의 밤에

충청남도 금산군 진산면 묵산리 대둔산길 전원카페산사랑에서 선생님 추모 시낭송의 밤 불을 밝혔습니다. 한국 시낭송협회 재원들, 김미애가 〈머들령〉을 낭송하고, 김옥희가 〈취야〉를, 안은경이 〈밀고 끌고〉를, 이철휘가 〈춘일〉을, 한수정이 〈동백〉을 낭송하며 모두가 숙연하게 선생님 가슴속으로 들어갔습니다. 호서의 원로 김대현 시인을 비롯해서 구상회 김영수 홍순갑 김명아 송계헌 전현숙 안치호 시인등 포근한 자작시 낭송하고, 그리고는 제가 「선비의 자존과 문학정신의 상징」이라 하여 선생님 시와 생애, 시비 건립 경위등 말씀을 올렸지요.

생각하니 죽음은, 살아있는 사람들을 잔잔한 그리움으로 맞이하며 인생을 조이고 할퀴고 하는 것이 아닌가 합니다. 오늘 이 저녁에도 장작난로를 피우며 죽음은 자신이 누워있는 폐허의 뜨락보다는 불꽃으로 피어나는 시심의 아늑한 세상을 더 동경할 것이라고 추상해봅니다. 밤이 이젠 술잔 속으로 빠진 듯 하네요.

인정도 애환도 큰 반려자였던 선생님
시시랑 산사랑길, 밀고 끌고 다시 오세요

『저기, 어둠의 실루엣 허물어진다』(2008.기획출판 오름)

박희선(1923–1998)시비

2000년 8월 27일 제막 (건립위원장 – 김용재)
(충남 공주시 · 국립공원 계룡산 갑사 입구)

죽음 위에 앉은 미소

몸은 떠나
보이지 않고
詩는 빛나
누리에 살고 있네
퍼런 눈시울
그늘 속에 울려나오던
당신의 목소리 가득히 모여있는
외로움 떨구어내고
새벽빛 숨결 스민
우뚝한 돌 하나 골라
詩碑로 세웠네
죽음 위에 앉은 미소
우리는 지켜보고 있네

『머물러 있던 시간의 비상』(2002.기획출판 오름)

김대현(1923-2003)시비

2004년 10월 16일 제막 (시비 건립 공동위원장 - 김용재)
(대전광역시 대덕구 미호동 · 대청댐 잔디광장)

하늘이 강물로 오네

빗줄기 힘차게 쏟아내려도
소리는 젖지 않고 뛰어나오네

산길로 들길로 험악타해도
바람은 휘파람 재우며 가네

소리도 바람도 하늘에 닿네
운장(雲藏)을 그리며 하늘이 강물로 오네

김관식(1934-1970)시비 - 다시 曠野에
1992년 10월 22일 제막 (시비 건립 공동위원장 - 김용재)
(대전광역시 중구 보문산 사정공원)

단장(斷章)

보문산 사정공원 이제 서늘한 곳에
온 몸으로 시를 쓰던 김관식 시인
술 마시며 호탕한 기세로 서 있다
강경 선배 박용래 시인은 몰라도
지근에 한용운 · 지헌영 선생은
같이 있기 참 어려운 처지일텐데
여기 다시 대한민국 김관식
허장성세던가, 주늑들지 않았다
그런데 당신의 병실 하늘에
소주병과 오징어 매달아 놓던
소설쟁이 박주남 형도 이승 떠나고
취해서 나 혼자 여기 들른 까닭,
가을 지나면 조용히 아뢸 것인데
면식없이 가누던 당신의 시와 술과 긴 고통
시들한 풀냄새로 달라붙는다.

『저기, 어둠의 실루엣 허물어진다』(2008.기획출판 오름)

※ 김관식 시비 옆에 서면 박용래 시비, 지헌영 학덕비, 한용운 시비가 가까운 거리에서 한눈에 보인다.

신정식(1938-1995)시비

1998년 11월 22일 제막 (건립위원장 - 김용재)
(대전광역시 동구 상소동 시민휴식공원)

그저 떠내려간 이야기였네
– 정강(亭江)시비 제막식에

아침 늦게 먹고 정강 병실로 출근했는데 장이두 스님시인이 먼저 와 있었네. 노인급이지만 이마가 팽팽해서, 스님 절에 오는 이쁜 여자 하나 소개해 달라고 했더니 얼굴 환한 여대생 하나 김교수가 먼저 소개해 달라고 했네. 정강은 어찌하냐고 물었더니 간호사 종아리만 열심히 훔쳐보면 된다고 했네. 참는 듯 하다가 사모님이 먼저 웃었고 정강도 스님도 나도 함께 웃었네. 병원장 손기섭시인은 정강이 이미 때가 지나 가망이 없다고, 가족 요구대로 서울로 가볼테면 가보라고 했네. 누구든 서울 놈도 별 수 없다는 소리 같아서 경험자인 내가 결국 정강의 서울행을 포기하도록 했는데 정강은 그것도 저것도 모르고 있었네. 점심때가 되어 이것저것 많이 골라먹을 수 있다고 스님이 선택한 뷔페를 들었네. 정강을 떼어놓고 점심 먹으면서 스님하고 나하고 많이 울었네. 그저 떠내려간 이야기였네.

정강 좋아하는 사람들 오늘 많이 모였네
이것 저것 좋은 음식도 오늘 많이 모였네.

『저기, 어둠의 실루엣 허물어진다』(2008.기획출판 오름)

이덕영(1942–1983)시비

1995년 10월 29일 제막 (건립기근찬 – 김용재)

(대전광역시 대덕구 신탄진 · 대청댐광장)

침묵으로 뜨는 광채

당신의 생글한 웃음과
언덕 아래 밀밭의 키 크는 꿈*
그리고 선망(羨望)이던 청보리빛 시심
바람 멎은 살갗에 올려놓고
여기 신탄진, 잠시 멈추었네
『한 줄기의 연기』 다시 살피고
『푸른 것이 더 푸른 날』 넘치도록 느끼네
슬픔 일어나 손 흔드는
아직도 허접한 가슴에
당신의 시, 침묵으로 뜨는 광채였네

* 이덕영 시 「봄 밤」의 마지막 행에서 인용.
『한 줄기의 연기』(1976)는 이덕영 시인이 생전에 남긴 시집의 표제이며
『푸른 것이 더 푸른 날』(1993)은 그의 유고시집 표제이다.

『저기, 어둠의 실루엣 허물어진다』(2008.기획출판 오름)

정의홍(1944-1996)시비

1999년 5월 29일 제막 (시비 건립 공동위원장 - 김용재)
(대전광역시 동구 용운동 · 대전대 인문예술대학 내)

정의홍 시비 앞에서

실긋실긋
턱뼈 움직거리며
영산홍 붉은 웃음 터진다
잣나무 작은 놈도
얼씨구, 몸 흔들어댄다
목구멍 터지는 장끼 울음이
무슨 경고인듯
벤치에 떨어진다
이 봄날, 활짝 핀 햇빛 속에
촉바른 시인이 검게 서 있다
병드는 우리나라
세상 좀 똑바로 보자고

『저기, 어둠의 실루엣 허물어진다』(2008. 기획출판 오름)

유성온천 유래비

1989년 10월 제막 (유래비문 – 김용재)
(대전광역시 유성구 – 유성호텔 옆 – 유성온천 역사의 현장)

유성온천 편지

비 바람 눈서리 다 떼어 놓고
여기 김 솟는 물 만나 살 비비며
발그레한 향기 듬뿍 맛을 보세
몸 내놓고 몸 때 씻고
부끄럼도 그리 씻어내고
상처도 아픔도 우그러진 목소리도
뜨건 물에 화닥닥 뭉개 버리세
그리고 수련처럼 둥둥 뜨는 꿈
대보름 달집 태우듯
환하게 환하게 밝혀 보세.

『저기, 어둠의 실루엣 허물어진다』(2008.기획출판 오름)

용운중 교가비

2003년 6월 제막 (작사 – 김용재)
(대전광역시 동구 용운동 · 용운중학교 내)

용운중 교가

식장산 높은 마루 정기를 심고
뜨거운 소망의 보람 키운다
하나로 손잡아 날개를 펴고
앞을 보며 가다듬어 큰 사람 되자
드높아 빛나리라 용운중학교

새 날의 새 빛으로 꿈을 밝히고
바른 길 배움터 활짝 열었다
마음 닦고 뜻을 세워 힘을 기르고
금수강산 꽃피우자 새일꾼 되자
솟아나 빛나리라 용운중학교

- 1987년 5월 작사

3·8찬가 CD제작

2012년 2월. 3·8민주의거기념사업회 (작사 – 김용재)

3·8찬가

삼월의 검붉은 함성 들리는가
청사의 갈피갈피 열어 보리라
새 역사 응시한 눈빛 빛나는가
우러러 마음 하나 살펴보리라
파릇한 생명의 고동 뛰고 있는가
민족의 심장 들어가리라
민주를 불 밝힌 대전이여
정의를 꽃피운 삼팔이여
　　우리는 민주의 자손으로
　　우리는 정의의 들꽃으로
　　영원히 아름답게 빛나리라
부정도 부패도 모두 사라졌나
독수리 눈으로 투시하리라
불의도 불신도 함께 무너졌나
사자의 혼을 깨워 기립하리라
피끓는 역사의 정기 솟아나는가
존엄한 영광 삼창하리라
절망을 꺾어낸 대전이여
어둠을 쓸어낸 삼팔이여
　　우리는 민주의 자손으로
　　우리는 겨레의 들꽃으로
　　영원히 아름답게 빛나리라

■ 후기

인생칠십금래희(人生七十今來希)

김용재

마침내 일흔살이 된다. 현대의학의 특혜를 받았음일까, 20여년을 덤으로 더 살았다. 한 쪽 폐를 잘라내고, 쓸개를 빼내고, 심장에는 두 개의 철망을 집어넣고, 경동맥 핏줄이 막혀 목에는 또 대형철망을 넣었다. 종합병동이란 별명이 붙은 인생으로 헐떡거리며 그렇게 살아왔다.

그것만도 아니다. 당뇨니, 이명이니, 전립선비대증이니, 노안이니, 근육통이니, 관절통이니, 풍치니 하는 것들이 쉴 새 없이 내 몸에 달라붙어 나를 괴롭히고 있으니 일등급 투사가 되지 않고는 내 삶을 이끌어 갈 수 없는 처지가 된 것이다. 모든 지병은 만인에게 공개하는 것이 쾌유에 도움이 된다고 하는 의견과, 아프다고 말하면 깔보는 놈들이 많다고, 가급적 알리지 말고 혼자 묵묵히 투병하라는 주변의 엇갈리는 의견을 청취하면서 〈염세주의〉나, 〈절망 하락의 값〉이나, 〈인생연습〉과 같은 시를 쓰기도 했다. 결국은 〈염마왕의 말〉을 감지하면서 〈저승사자와의 타이틀 방어전〉에 임하면서 또 그렇게 시를 쓰며 살아온 것이다.

그런 가운데 내가 61세 때는 61세에 돌아가신 큰 형님이 찾아오셨고 66세때는 66세에 돌아가신 넷째 형님이 찾아오셨다.

67세 때는 또 67세에 돌아가신 아버지와, 역시 67세에 아버지 곁으로 가신 둘째 형님이 찾아오셨다. 먼저 가신 내 혈족들이 모두 저승으로 내 손을 끌지 않고, 이승에 나를 남겨두면서 "너는 아직 더 살아라. 다만 집안이나 사회에 공헌을 한다면 더욱 좋겠고 그러지 못한다 해도 절대 나쁜 일은 하지 말아라."라고 어렴풋이 비슷한 말씀을 남겨놓고 발길을 돌리시곤 하셨다.

힘을 얻어 나는 좌절하지 않았고 그 흔한 우울증에도 시달리지 않았고, "성격 나름이겠지만 김교수는 사회활동을 열심히 하는 편이 오히려 건강유지에 도움이 될 것 같다."는 의사의 말을 믿고, 오히려 호주머니를 털어야 하는 여럿의 감투를 벗지 못하고 있다. 그러면서 열심히 시 쓰는 일이 공헌의 몫으로 작용할 수 있다는 생각을 끌어들이며 위안과 구원의 노정을 밟아오기도 했다.

벌써 15년이 되었지만 『청동빛』(1998) 시집은 『바퀴에 깔려도 햇살은 죽지 않는다』(1993)의 연속판으로서 나의 삶과 인생을 투시한 것이며, 그 이후로도 병들어 허약한 삶을 벗어나려 고군분투하

였는데 현실과 이상은 그렇게 잘 좁혀지는 것이 아니었다.

갈등의 긴 강물속에
그물을 던져 건지는 것은
푸른 물결의 힘과
힘의 앙칼진 톱니
그리고, 소망의 높이로 솟아난
햇살의 줄기
그 청동빛이었지.

–「청동빛」전문

"갈등의 긴 강물속에 펼쳐진 인생의 현장에서 삶의 수단으로서의 그물을 던져 건져낸 것은 결국 생활의 원천이 되는 싱싱한 힘이었고 그 힘의 핵심이었다. 그리고 힘과 더불어 솟아나는 소망의 햇살, 그 청동빛이었다. 그래서 청동빛은 영혼과 육체의 힘을 조화하는 빛이고, 정신과 물질의 힘을 하나로 엮어내는 소망이 탄력으로 뻗어나갈 수 있는 것이다.

죽살이 인생의 야영장에서 내가 찾은 청동빛은 결국 삶의 목적지를 향해 가는 힘의 빛이며, 소망의 빛이며, 현실과 이상 그 의식의 교량을 비추는 목숨의 빛이오, 시심의 빛이었던 것이다."

시집 『머물러 있던 시간의 飛翔』(2002) PP. 108-109

나의 시집 『청동빛』을 전하던 1998년 6월 어느날 야석·박희선(也石·朴喜宣) 사백은 창운(蒼云)이란 나의 아호(雅號)를 주신 이후 다시 「청동빛 시인」이란 또 하나의 별호를 붙여주시고 그해 8월 하순 세상을 떠나셨다. 청동빛과의 인연을 말하자면 나로서는 이렇게 숙명적인 것이었다.

그동안 나는 시집을 비롯한 공저 편저 등, 많은 책을 펴냈다. 그럼에도 불구하고 나의 문학의 바퀴는 살아있는 한 계속 굴러갈 것이다.

칠십의 삶을 영위하면서 사실은 문학전집을 내고 싶었다. 시집은 어느정도 정리가 된 셈이지만, 평론, 에세이, 칼럼, 잡문 등 산문은 편수로 따져도 시에 뒤지지 않을텐데 전혀 정리가 되지 않았다. 적어도 1,2년간 작업을 했어야 하는데 전혀 그러질 못했다.

지난 일년은 특히 《문학시대》 계간발행을 주도했고 호서문학창간60주년기념행사추진위원장을 맡아 동분서주 했으며 3·8민주의거기념사업회 공동의장, 대전충남4월혁명동지회 회장을 처음 맡아 더위도 추위도 어떻게 견디어냈는지 아직도 몽롱하다. 시화전을 펼치고, 시화전 시를 함께 담아 시선집을 펴내고 하는 것은 급조의 방편적 산물임을 숨길 수 없다.

나의 청동빛 시세계와 무관하지 않도록 시집 표제를 「청동빛 창가에 앉아 그리움에 색칠하다」로 하였으며 제1부는 시화전 작품집에 해당하는 것이고 제2부는 시화전에 넣지 못한 다소 긴 작품으로 가려뽑은 것이다. 제3부는 시집 『저기, 어둠의 실루엣 허물어진다』(2008)에 실렸던 시비 및 기념비에 새긴 시 또는 그와 관련된 이후의 시편들을 넣었다. 봉사활동의 결산이라고 할까, 나름대로는 가슴에서 사는 작품들이다.

도탑게 도움 주시는 최종태 교수님을 비롯해서 박석신 화백, 준 스튜디오 노명준 사진작가, 문학시대 김명아 시인께 깊은 감사의 말씀 드린다. 아울러 평생의 후원자인 나의 아내와 두 아들, 며느리가 시선집 탄생의 주인공들임을 밝힌다.

인생 칠십은 예부터 드물게 온다(人生七十古來稀)는 두보(杜甫 : 712-770)의 말을 비틀어 인생칠십이 지금은 희망으로 온다(人生七十今來希)고 전제하면서 연장된 인생에 대한 건강시대를 한 계단씩 올라본다.